마법의 주문

for new witches

돈 사랑 우정 그리고 행운을 부르는
잠재 에너지의 힘

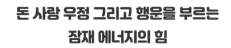

마법의
주문

앰브로시아 호손Ambrosia Hawthorn 지음 | 윤영 옮김

for new witches

somssi

차례

Contents

4장 금전 문제와 번영 ♦ 86

5장 직업과 커리어 ♦ 112

이 책을 통해 만나게 된 여러분에게 환영의 인사를 보낸다. 내 이름은 앰브로시아. 스스로 깨우치고 혼자 경험을 쌓는 솔리터리 마녀 solitary witch이자 현대 마녀를 위한 월간 〈마녀학 매거진Witchology Magazine〉의 편집자다. 나는 15년간 마녀로 활동해 왔고 이 기회를 빌려 나의 이야기, 지식, 기술을 여러분과 공유하려고 한다. 이 책과 더불어 여러분의 내면에 이미 존재하고 있는 내밀한 마법 능력을 활용할 수 있게 되기를 바란다.

그렇다. 누구에게나 마법 능력은 있다. 하지만 그렇다고 해서 모든 사람이 호그와트 마법학교를 찾아가거나 마녀 빗자루를 타고 다니고 싶어하지는 않을 것이다. 대신 이 책이 있다. 이 책이 일상에서 활용할 수 있는 실용적인 마법 기술을 알려주고, 여러분과 자연 세계를 연결시켜 주며, 여러분과 늘 함께했던 내면의 마법을 발견하게 도와줄 것이다. 더불어 마법, 특히 주문 마법에 대한 오해를 풀고, 여러분이 더 나은 삶을 위해 변화시키고자 하는 바를 분명하게 드러내는 방법을 가르쳐 줄 것이다.

마법을 향한 나의 여정은 열세 살 무렵 시작되었다. 내가 생각해도 많이 어렸을 때지만 우주는 신비로운 방식으로 작용하는 법이다. 내 이야기는 여러분의 이야기와 비슷할 수도, 완전히 다를 수도 있다. 마법으로 향하는 길은 수없이 많다. 그저 내 인생의 적절한 시기에 내 길이 펼쳐졌듯이, 여러분도 그럴 것이다.

나는 여러 가지 이유로 주문 마법에 빠져들었다. 자신감을 키우고 싶었고, 가족들을 위해 돈도 벌고 싶었으며, 못살게 구는 아이들로부터 나를 보호하고 싶었고, 짝사랑하는 사람을 위해 사랑의 물약도 만들고 싶었고, 나 자신을 위해 행운을 불러오고도 싶었다. 마법이나 주문에 대해 아무것도 모르던 일곱 살 때부터 나는 학교 쉬는 시간과 점심 시간마다 네잎클로버를 찾아다녔다. 난 네잎클로버가 행운의 마스코트라는 사실을 알고 있었고 진심으로 그게 꼭 필요했다. 그리고 몇 주 후 드디어 하나를 발견했다. 어머니는 그 네잎클로버로 열쇠고리를 만들어주셨고, 난 어딜 가나 그걸 가지고 다니며 필요할 때마다 행운을 빌었다. 되돌아보면 그 열쇠고리가 나의 첫 부적이었던 것이다. 내가 이 이야기를 꺼낸 이유는 주문 마법이 왜 그렇게 특별한지 알려주기 위해서다. 주문은 주변 어떤 것에서도 시작될 수 있고, 생각보다 간단할 수도, 복잡할 수도 있다.

여러분도 아마 나와 마찬가지로, 자신의 인생에서 스스로 기회와 변화를 만들어 내고자 하는 마음에 마법에 이끌렸을 것이다. 다행히 이 책에 수록된 주문 마법에는 도롱뇽 눈알이나 독수리 알 같은 건 필요하지 않다. 필요한 건 직접 주문 거는 법을 배워보겠다는 의지뿐이다.

지금 어떤 여정 중에 있는지 몰라도 적절한 때에 이 책을 잘 만났다. 이제 마법과 주문이라는 멋진 세계로 같이 빠져들어 보자!

1부
마법

마법의 세계에는 물약을 만들고, 초를 태우고, 주술 인형을 꿰매는 것 말고도 많은 것들이 있다. 마법은 우리 주변 세계에 깊이 내재되어 있기에, 성공적으로 마법의 세계에 입문하기 위해서는 기초를 튼튼하게 쌓는 것이 매우 중요하다. 1부에서는 마법과 주문을 이해하기 위해 알아야할 기본적인 사항에 대해 다룰 예정이다. 마법의 길을 떠나는 데 필요한 단 한 가지는, 바로 당신 자신이다. 당신 내면에는 이미 활용되기를 기다리는 힘이 숨어 있다. 그렇기에 마법을 연습하다 보면 자신과 세상을 변화시킬 능력을 갖추게 될 것이다.

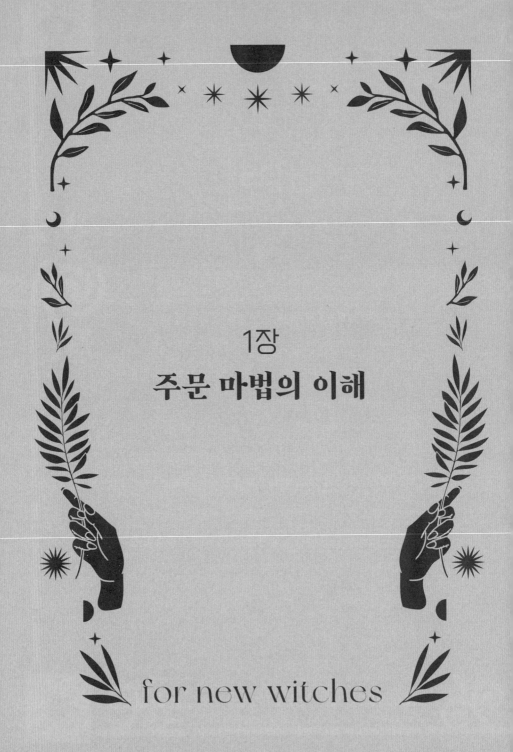

1장
주문 마법의 이해

for new witches

본격적으로 주문 마법을 이야기를 하기 전에 누가, 어떤 주문을, 무슨 이유로 거는 것인지 알아봐야 한다. 우선 주문 마법에 대한 흔한 오해와 핵심 개념, 윤리에 대해 살펴볼 예정이다. 이런 핵심적인 요소를 깨우쳐야 비로소 당신의 삶에 변화를 일으킬 준비가 된다.

주문이란 무엇일까?

주문은 마법의 실용적인 측면이라 할 수 있다. 에너지를 조종하여 특정한 의도와 목적을 달성하는 것이다. 마법은 감정을 연료로 사용하며, 그 감정은 여러분의 개인적인 능력 또는 여러분을 둘러싼 세계의 에너지와 함께 작용한다. 무엇이 주문을 효과적으로 만드는지 이해하려면 우선 마법, 능력, 에너지 조종의 본질을 알아야 한다.

마법이란, 모든 자연적 사물을 통과하며 흐르는, 선하지도 악하지도 않은 중립적인 에너지다. 능력이란, 마법을 원하는 목적으로 사용할 수 있게 해주는 기술적인 힘을 뜻한다. 당신이 마법에 힘을 쏟거나 마법을 부리기 시작할 때, 당신은 어떤 의미에서 개인적인 능력을 키워가고 있다고 할 수 있다. 이런 에너지 조종을 통해 당신은 주변 에너지에 영향을 주거나 에너지를 통제할 수 있다.

우리는 모두 분자로 이루어져 있으며 이 모든 분자들 간의 결합에는 잠재적인 에너지가 포함되어 있다. 우리가 이 에너지를 사용하고 원하는 방향으로 전달할 수 있다는 생각은 그리 특이한 게 아니다. 실제로 누군가 당신을 향해 에너지를 보내고 있을 때 우리는 그 사실을 쉽게 알아차릴 수 있으니까. 누군가의 손이 (실제로 등에 닿지 않았는데도) 몇 센티미터 뒤에 다가온 걸 '느껴본' 적이 있지 않은가? 찌릿한 감각, 심지어 온기가 느껴지지 않던가? 그 느낌이 바로 당신을 향한 에너지가 존재한다는 뜻이다.

'주문 마법'은 에너지를 조종하는 수많은 방법 중 하나다. 크리스털, 스톤, 허브, 조개껍데기, 금속, 나무가 오랫동안 에너지 조종의 도구로 사용되어 왔다. 그리고 태극권, 레이키, 명상, 요가, 침술 요법, 심지어 마사지 같은 대중적인 심신 요법으로도 에너지를 조종하여 육체적, 정신적, 정서적 치유를 할 수 있다. 여기서 중요한 것은, 마법이란 게 생각만큼 특이한 게 아니라는 사실이다!

하지만 마법이 모든 문제에 대한 해결책이 될 수 없다는 사실도 알아두어야 한다. 마법은 당신이 원하는 모든 문제를 즉각적으로 해결해 주지는 못한다. 에너지, 시간, 노력, 집중, 믿음이 필요하기도 하다. 마법을 부려서 누군가 당신을 사랑하게 만든다거나 다른 사람들을 꼼짝 못 하게 만들 수 있을 거라는 생각은 흔한 오해다. 마법으로 타인의 자유 의지를 빼앗을 수는 없다.

하지만 마법은 강력하며, 마법을 부릴 수 있는 능력에는 책임이 따른다는 사실 역시 기억해두길 바란다. 당신이 주문 마법을 행한다면, 자연의 법칙을 존중하고 그 법칙을 거스르지 말아야 할 책임이 있다. 또한 능력을 키워 주문을 거는 것은 모두 일시적인 에너지 조종일 뿐, 결코 영구적인 게 아니라는 것도 잊어서는 안 된다.

주문은 누가 걸 수 있을까?

자기 삶에 긍정적인 변화를 일으키고 싶은 사람이라면 누구나 주문을 걸 수 있다. 이 책을 선택할 정도로 주문에 관심이 있는 사람이라면 이미 주문 마법을 시작할 준비가 된 셈이다. 주문은 삶의 여정에서 명확성이나 목적을 찾고 싶은 이들에게 도움을 줄 수 있다.

마법을 행하는 현대의 마녀는 크게 원소 마녀, 세속적 마녀, 울타리 마녀, 절충적 마녀, 전통적 마녀로 나뉘는데, 이 책에서 소개할 마법은 각각의 마법들을 현대적이거나 혼합적으로 조합한 실천법이다.

원소 마녀 Elemental Witch

원소 마녀는 자신의 마법에 흙, 공기, 불, 물이라는 네 가지 원소를 이용한다. 한 번에 네 가지 모두를 사용할 수도, 한 가지만 사용할 수도 있다. 특히 마법에 이 원소들을 가장 많이 사용하는 마녀는 초록 마녀, 바다 마녀, 주방 마녀다. 초록 마녀는 흙이라는 원소를 중심으로 주술을 걸며 허브, 크리스털, 나무를 이용한다. 바다 마녀는 물이라는 원소를 이용하며 조개껍데기, 표류목, 해초, 모래를 활용하여 바다나 날씨와 관련된 마법을 부린다. 주방 마녀 혹은 오두막 마녀라고도 불리는 난로 마녀는 불의 원소를 사용해 마법의 아이템을 요리하고, 베이킹하고, 끓이고, 만들어낸다.

세속적(혹은 비종교적) 마녀^{Secular Witch}

세속적 마녀는 자신들의 마법에 신을 개입시키지 않는다. 대신 상징, 은유, 원형을 이용하며 여러 마법과 자신들의 방법을 결합한다. 요즘 세속적 마녀의 인기가 점점 늘어나고 있다.

울타리 마녀^{Hedge Witch}

울타리 마녀는 정의를 내리기가 조금 까다롭다. '헤지라이더(울타리에 올라탄 사람)'라고도 부르는 이 마녀는 알려지지 않은, 또 다른 세계의 경계를 넘나든다. 울타리 마녀는 보통 약초를 이용해 물약, 연고, 차를 만든다. 그들의 마법은 샤머니즘적이고 유체이탈, 자각몽, 트랜스 상태, 영혼과의 의사소통을 포함한다.

절충적 마녀^{Eclectic Witch}

절충적 마녀는 어떤 범주에도 딱 들어맞지 않는다. 그들은 대개 정해진 마법 계통이나 특정한 무리에 속하지 않는 솔리터리 마녀^{solitary witch}다. 절충적 마녀는 자신들의 능력과 필요에 따라 적절하게 수정된 복합적인 길을 따른다.

전통적 마녀^{Traditional Witch}

전통적 마녀는 때때로 무속인으로 여겨지기도 하며, 수 세기 전으로 거슬러 올라가는 오랜 뿌리를 가지고 있다. 의례, 민속, 저주, 세습, 켈트 등 무척이나 다양한 방식을 행하며 이러한 길에 들어서기 위해서는 특정한 규칙을 따라야만 한다.

주문 마법의 역사

주문 마법은 역사적으로 계속 인기가 있었다. '주문spell'이라는 단어는 '말하기' 또는 '이야기'를 의미하는 고대 영어 'spel'에서 기원했다. 즉 고대 문명에서 주문은 언어와 함께 발전한 것이다. 그러다 보니 고대 이집트에서는 글로 쓴 이야기에 종종 주문이 포함되기도 했다.

'마녀witch'라는 단어는 고대 튜턴족 말인 'wik'에서 유래한 것으로 '구부리다'라는 의미였다. 14세기 이전에 마법은 황금기를 누렸다. 그러다 1486년 기독교 성직자가 쓴 《말레우스 말레피카룸(마녀의 망치)》, 일명 '마녀사냥꾼의 안내서'가 발간되면서 상황이 달라졌다. 이 책의 인기는 마법을 배척하는 분위기로 이어졌다. 1542년 영국은 마법법을 시행하여 마법과 주문을 행하는 자들을 사형으로 다스렸다. 1692년에는 미국 매사추세츠에서 세일럼 마녀 재판the Salem witch trials이 열려 마법을 행했다는 이유로 19명이 처형당했다.

그렇게 마녀를 향한 박해는 수 세기 동안 이어졌고, 1900년대에 들어서면서 '안티 마법 운동'은 점점 열기가 식었다. 1960~70년대 미국 사회에서는 서서히 마법에 관심을 가지는 사람들이 늘어나기 시작했다. 하지만 마법에 대한 인식이 점점 커져 가는데도 여전히 많은 마녀들이 부당한 박해를 두려워하고 있다. 그래서 아직도 몇몇 자신들만의 비밀 공간, 일명 '빗자루함' 안에서 마법을 사용한다고 한다.

마법의 핵심 원칙

마법은 에너지의 형태로 우리 주변에 늘 존재한다. 주문 마법을 익히는 것은 우리의 의도대로 에너지를 조작하는 방법을 배우는 데 도움을 준다. 다만 여러분의 의도는 반드시 여기에 설명된 핵심 원칙을 따라야만 한다.

환경과 자연을 숭배하라

자연 세계에 존재하는 모든 것들은 성스러우며 에너지로 가득 차 있다. 마법 의식과 주문에는 계절과 원소가 포함되어 있다. 탄생, 죽음, 재탄생의 이야기를 품고 있는 계절은 기념되고 존중되어야 한다. 원소는 보호, 지시 그리고 에너지를 위해 불러들일 수 있다.

생식력과 성욕을 찬양하라

삶, 빛, 기쁨, 열정 그리고 관능을 향한 찬양은 우리 안의 생명력에 불을 지핀다. 당신의 생식력과 성욕을 받아들이는 것은 마법을 행하는 데 있어 중요한 도구가 될 수 있다.

직감과 자신만의 에너지를 활용하라

여러분은 여러분이 가진 에너지로 주변 환경에 영향을 끼칠 수 있다. 본능적인 반응과 눈치에서부터 시작하면 된다. 무언가 당신에게 어떤 말을 걸려 한다는 느낌을 받은 적이 있지 않은가? 보통은 경고의 메시지일 것인데, 바로 그런 것이 당신의 직감이다. 이 에너지를 제대로 알아차리는 법을 깨우치기만 하면, 그것을 주문 마법에 적극 활용할 수 있다.

카르마와 우주 법칙의 자연 균형을 존중하라

카르마란, 당신이 세상에 내놓는 모든 행동을 결국 똑같이 돌려받게 될 것이라는 뜻이다. '세 배 반환의 법칙'은 초보 마녀를 향한 오래된 격언으로, 남에게 해를 끼치는 마법을 행했을 때의 결과에 대해 경고하는 내용이다. 상대에게 해를 끼치거나 남을 조종하는 마법을 부렸다면 똑같은 마법을 세 배로 당하게 될 것이다.

사후세계, 영혼, 환생에 대해 알고 이해하라

많은 마녀가 사후세계를 믿고 탄생, 삶, 죽음 그리고 환생의 순환을 끊임없이 돌아가는 바퀴와 같다고 생각한다.

주문의 원동력

주문은 우주의 미스터리와 자연에 대한 존경에서부터 나와야 한다. 당신이 지구의 자연 리듬에 동화될수록, 세상의 미스터리를 더 많이 알게 되고 알려지지 않은 것들에 대해 더 배울 수 있게 될 것이다.

마법 vs. 능력

마법은 전 세계에 흐르고 있는 자연적인 에너지다. 능력은 그 에너지를 움직이고 사용하는 기술이자 힘이다. 능력은 여러분 안에 이미 존재하면서 언젠가 사용되기를 기다리고 있고, 마법은 자연의 사물 안에서 찾을 수 있다.

여러분은 이제 개인적인 능력을 끌어내 사용하게 될 것이다. 하지만 자신의 능력만 사용하다 보면 금방 지쳐버릴 수 있다. 그래서 이 책에서 소개할 주문들은 크리스털, 허브, 오일, 향료, 나무, 동물 관련 물품 등 자연 세계에서 가져온 아이템들을 함께 사용한다. 그것들로부터 부가적인 에너지를 빌려올 수 있기 때문이다.

여러분이 가지고 있는 또 다른 능력으로는 '영적 능력'이 있다. 어떤 마녀들은 예지력, 직감, 투시력, 사이코메트리psychometry, 영매, 공감 같은 영적 능력을 마법에 적극 활용하기도 한다.

- **예지력:** 어떤 사건이 일어나기 전에 미리 알 수 있는 능력.
- **직감:** 듣지 않아도 무언가를 알게 되는 능력.

- **투시력:** 숨어 있는 것을 꿰뚫어 보는 능력.
- **사이코메트리:** 대상의 에너지를 읽거나 한때 그 대상을 소유했던 사람에 대한 세부 정보를 감지하는 능력.
- **영매:** 영적 세계에 있는 영혼으로부터 메시지를 전달받을 수 있고 영혼과 교신할 수 있는 능력.
- **공감:** 다른 사람들의 에너지를 흡수하여 그들의 기분과 감정을 감지할 수 있는 능력.

좋은 마법 vs. 나쁜 마법

일반 사람들은 종종 마법을 '좋은 것' 또는 '나쁜 것'으로 구분하려고 한다. 하지만 사실 마법은 흑과 백으로 나누어 말할 수 없다. 그저 그 효과가 마법을 행하는 이의 의도와 에너지에 따라 달라질 뿐이다.

다른 사람을 해하고, 복수하고, 누군가의 자유 의지를 바꾸고, 저주를 내리는 데 마법을 사용하는 것 등이 흔히 사람들이 '흑마법' 이라고 부르는 비윤리적인 주술이다. 치유하고, 힘을 주고, 희망을 주는 것은 '백마법'이라 불린다. 그래서 많은 마녀들이 악하거나 나쁘다는 흔한 오해를 피하기 위해 자신들의 이름 앞에 '백마녀'를 덧붙인다.

여러분이 선한 의도를 가지고 마법을 행하고자 한다고 해도, 막상 저주, 나쁜 소문, 사악한 영혼, 스토커 등을 직면하게 되면 악의를 품고 주술을 부리고 싶은 유혹에 빠질 수도 있다. 하지만 그럴 경우, 앞에서 언급했듯이 카르마와 우주의 법칙에 따라 준 대로 돌려받게 될 수 있다. 마법에서의 윤리는 삶의 다른 영역에서의 윤리와 다를 바가 없다. 결국 여러분은 여러분의 행동에 대해 직접 책임을 져야 만 한다.

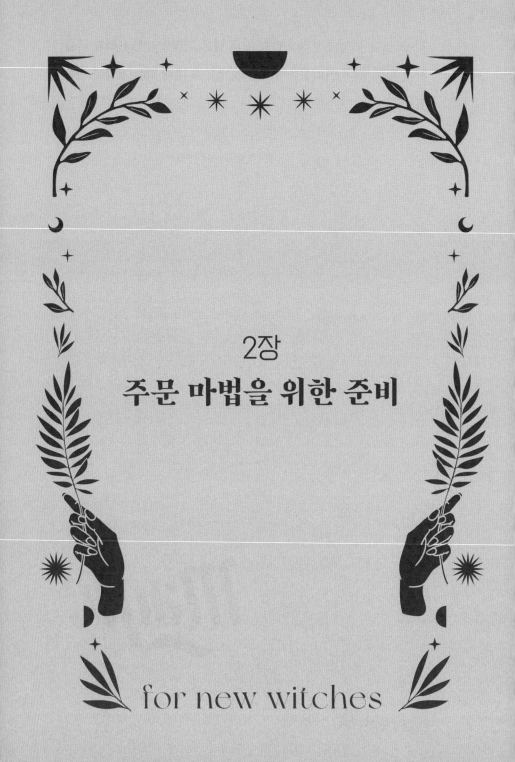

2장
주문 마법을 위한 준비

for new witches

주문 마법을 행하기 전에 전에 우선, 성공적인 마법을 위한 기본 사항을 배워야 한다. 주문 마법의 기초를 익히면 효과적인 주문을 만들고 거는 데 도움이 될 것이다. 이 기초 지식에는 주문을 수행하는 방법, 주문을 거는 장소, 사용하는 도구, 능력을 이끌어내는 방법 등이 포함된다. 일반적인 기호, 중요한 날짜, 계절, 주기에 대해서도 배우게 될 것이다.

주문을 거는 법

주문을 걸면 새로운 에너지를 만들어낼 수도, 이미 존재하는 에너지를 조종할 수도 있다. 주문의 가장 기본 요소는 준비 과정과 실행 과정이다. '준비 과정'은 주문을 걸 장소를 선정하고, 원치 않는 에너지를 제거하고, 마법진을 치고, 에너지를 돋우고, 의도를 설정하는 것을 말한다. '실행 과정'은 주문을 걸고, 마법진을 닫고, 결과를 관찰하는 것을 말한다. 각 과정들의 세부 단계는 마녀들이 따르는 전통에 따라 달라질 수 있다.

준비 과정에서는 먼저 주문을 걸 장소를 마련한 후, 그곳에 남아 있는 오래된 에너지나 부정적인 에너지를 제거해야 한다. 많은 마녀들이 두고두고 사용할 제단을 만들거나 주문을 걸 용도의 성스러운 장소를 지정해 둔다.

다음 단계로, 원치 않는 관심과 외부의 영향으로부터 자신을 보호하기 위해 마법진circle of protection을 친다. 그 방법은 여러 가지가 있는데 전통적인 마법 의식에서는 신이나 여신의 이름을 부르며 기도하고, 세속적인 마녀는 자연 에너지가 주입된 특정한 물체를 가지고 오거나 자신의 에너지로 벽을 만들어낸다(그 특정한 물체에 대해서는 38쪽에서 더 자세히 다룰 것이다).

　일단 마법진 안에 들어가면 한 가지 이상의 에너지를 끄집어내 주문의 연료로 사용한다. 이 에너지는 신이나 여신에게서 나올 수도, 크리스털이나 보석 같은 자연 물질에서 올 수도, 여러분 자신에게서 나올 수도 있다.

　주문이 완성된 후에는 에너지를 다시 빼낸 후 마법진을 닫아야 한다. 마법진을 닫는 방법은 처음 마법진을 열 때의 방법을 그대로 반영해야 한다.

주문을 거는 장소

주문은 다양한 장소에서 걸 수 있다. 신성한 장소로 지정해 놓은 방에서 걸 수도 있고, 특정 주문에 따라 각기 다른 고유의 장소를 선택해야 할 때도 있다.

　대부분의 주문은 실내에서 걸 수 있다. 물약, 차, 오븐에 구운 재료를 사용하는 주문은 부엌에서 행할 수 있고, 목욕과 관련된 주문은 욕실에서 행하면 된다. 다만 달, 점성술, 계절, 자연, 날씨 등을 이용해야 하는 주문은 야외로 나가야 한다. 방해 없이 집중할 수 있는 평화롭고 사적인 야외 공간을 찾도록 하자(뒷마당이 있다면 그걸로 충분하다).

　장소가 어디든 가장 최우선으로 생각해야 하는 것은 '안전'이다.

예를 들어, 불을 사용하는 주문을 걸 때는 늘 내화성 재료를 사용하고 근처에 소화기를 준비해 두는 것이 중요하다. 그리고 무엇보다도, 스스로가 편안하고 안전하다고 느끼는 곳에서 주문을 걸어야만 한다.

제단을 만드는 법

'제단'은 주문, 의식, 의례, 명상, 그 외에 마법 관련 행위를 할 수 있는 단이나 탁자를 말한다. 특정한 주문에 맞추어 제단을 꾸밀 수도 있고 달이나 계절에 따라 보완을 할 수도 있다. 야외에서는 나무 그루터기나 넓적한 바위를 제단으로 사용할 수도 있다. 여행을 자주 다닌다면 조립식 간이 탁자를 가지고 다니면 된다.

제단 위에 놓을 물건들은 여러분이 따르는 방식에 따라 달라진다. 예산이 얼마든 상관없이 제단을 만들 수 있고, 기능만 제대로 갖추고 있다면 단순해도 되고 복잡해도 된다. 많은 마녀들이 북쪽을 향하고 있는 제단에 각각 4원소(흙, 공기, 불, 물)를 대표하는 아이템이나 도구를 채워 놓는다. 여기에 자신만의 마법서, 크리스털, 계절 아이템, 제물 등 원하는 것이라면 무엇이든 추가할 수 있다. 또한 각각의 주문에 따라 제단을 조정해야 할 수도 있다. 제단을 준비하는 과정은 일단 재미가 있어야 하니 자유롭게 창의력을 발휘해 보길 바란다.

능력을 이용하는 법

마법을 걸기 전에 자신이 가진 '능력'을 이용하는 법을 배워야 한다. 그러기 위해서는 우선 마음을 비우고 집중을 방해하는 요소를 제거하여, 편안하게 집중하는 정신 상태를 만들어야 한다. 그래서 많은 마녀들이 마법을 행하기 전에 5~10분 정도 명상을 한다. 더불어 음악, 양초, 향, 에센셜 오일 등도 두루 활용해 보자.

　마음을 비우고 나면 에너지에 집중하고, 에너지를 돋우고, 다시 에너지를 내려놓아야 한다. 첫 단계, 집중은 그 에너지에 접근하기 위하여 그것을 시각화하는 과정이다. 에너지에 집중하면 그것이 수축하고 팽창하는 것을 느낄 수 있다. 신체 에너지와의 연결에 집중하고 균형 감각과 평형 감각을 느껴보도록 하자.

　다음 단계로, 에너지를 돋우어야 한다. 초보 마녀는 이 과정에서 너무 많은 에너지를 소모한 나머지 결국 진이 빠져버리기 일쑤다. 이런 일을 방지하기 위해 크리스털, 스톤, 보름달의 정기를 받은 물 등을 여분의 에너지로 사용하곤 한다. 이 아이템들은 저마다의 에너지를 품고 있기 때문에, 여기에 여러분의 에너지를 합치기만 하면 주문을 걸기에 충분한 에너지를 돋울 수 있다. 크리스털처럼 에너지를 품고 있는 아이템을 사용하기 위해서는 그것을 손에 쥐기만 하면 된다. 여러분 손안의 에너지와 크리스털의 에너지가 서로 합쳐지는 모습을 마음속으로 그려 보자. 손에서 온기가 느껴지면, 그 에너지로 주문을 걸 준비가 되었다는 뜻이다.

마지막으로, 주문을 걸고 난 후에는 다시 에너지를 내려놓음으로써 에너지 레벨의 균형을 맞춘다. 이것을 그라운딩grounding이라 부른다. 이 과정을 통해 주문을 건 후 남아있는 여분의 에너지를 배출할 수 있다. 초보 마녀와 마법사에게는 헤마타이트, 문스톤, 옵시디언, 소달라이트 같은 스톤이나 에너지 배출용 크리스털을 추천한다. 그라운딩을 시작하면 육체적으로도 땅에 가까이 가고 싶을 것이다. 지면에 더 근접할수록 쉽고 원활한 접속에 도움이 된다. 호흡에 집중하면서 과도한 에너지가 몸을 떠나는 장면을 상상해 보자. 숨을 내쉴 때마다 더 많은 에너지가 방출되고, 그것이 땅으로 흘러가는 것을 느껴 보자.

혼자 해도 괜찮을까?

이제 마법의 기초에 대해 배웠으니, 초보 마녀들이 가장 흔하게 하는 질문에 대해 다뤄보려고 한다. 바로 "마법을 연습하거나 주문을 걸려면 꼭 마녀들의 모임에 가입해야 하는가?" 하는 것이다. 대답은 "아니오"다. 무리에 속하는 것은 당신이 결정할 수 있는 선택지 중 하나일 뿐이다.

코벤
'코벤coven'이란 함께 주문, 의례, 의식을 연습하고 행하는 마녀들의 커뮤니티를 말한다. 'coven'이라는 단어는 '함께 모이다'라는 뜻의 라틴어 'convenire'에서 왔으며, 1921년 마거릿 머레이가 쓴 책 《서유럽의 마녀-컬트The Witch-Cult in Western Europe》를 통해 유명해졌다. 코벤에는 보통 한두 명의 리더가 있으며 이들은 '대사제'라 불린다. 코벤에 속해서 주문을 걸 때는 보다 큰 규모의 주문을 위해 임무를 나누어서 맡거나, 각 단계에서의 작은 임무를 부여받는 경우가 생긴다. 이 책의 주문은 기본적으로 혼자 활동하는 '솔리터리 마녀'들을 위한 것들이지만, 그룹으로도 이용할 수 있다.

하지만 오늘날에는 코벤이 예전만큼 눈에 띄지 않는다. 역사적으로 문제를 일으킨 코벤이 많았던 탓에, 오늘날 마녀들은 대체로 솔리터리 마녀 생활을 더 선호한다.

솔리터리

혼자 활동하는 마녀를 '솔리터리 마녀'라고 한다. 주로 혼자서 주문을 걸지만 다른 마녀와 협업하거나 공동체에 가입할 수도 있다. 오늘날 많은 마녀들은 코벤 같은 구조가 아닌, 좀 더 열린 형태의 모임인 '서클'에 들어가기도 한다. 그리고 서클에 모여서 보름달을 찬양하거나 의식을 치르고 정신적인 주제에 대해 토론을 하기도 한다. 서클 덕분에 서로 다른 관습을 따르는 마녀들이 함께 협업할 기회도 생긴다. 잘 맞는 서클을 찾기 위해서는 어느 정도 시간을 들여 조사할 필요가 있다. 모임에 참석해서 멤버들을 만나보고 질문도 해보자. 무엇보다 중요한 것은 압박을 받거나 위험에 빠졌다고 생각

될 때면 언제든지 그 상황에서 벗어날 권리가 있다는 것을 기억하는 것이다.

마법력, 계절, 주기

주변 자연과 마법을 효과적으로 연결하려면 마법력, 계절, 주기를 잘 활용하는 것이 좋다. 기억해야 할 중요한 날들에 대해 알아보자.

사계절과 춘추분

사계절은 춘분, 하지, 추분, 동지라는 네 가지 축제로 구분된다. 각 계절의 한중간에도 축제가 있어서, 태양 축제와 계절 축제를 모두 모으면 사윈Samhain · 율Yule · 임볼크Imbolc · 오스타라Ostara · 벨테인Beltane · 리타Litha · 루나사Lughnasadh · 마본Mabon, 이렇게 총 여덟 개의 안식일이 완성된다. 안식일, 즉 사바트sabbat는 계절의 변화를 기리기 위한 축하 행사다. 'sabbat'라는 말은 라틴어 'sabbatum'에서 유래했으며 '휴식의 날'이라는 뜻이다.

• **사윈(삼하인):** 이 안식일은 마지막 추수, 여름의 끝, 마녀들의 새해 시작을 의미한다. 사윈은 보통 북반구에서는 10월 31일, 남반구에서는 4월 30일에 열린다. 두 세계를 가로막고 있는 장막이 가장 얇아지는 때라 죽은 자를 포함해 자연의 정령, 요정, 엘프, 고블린 등

과 같은 것들이 우리의 영역으로 넘어올 수 있다. 핼러윈과 매우 비슷하다. 사원에는 영혼을 기리고, 조상들과 접촉하며, 삶과 죽음을 축복한다.

• **율:** 북반구에서는 12월 21~22일, 남반구에서는 6월 21~22일에 해당하는 날이다. 일 년 중 밤이 가장 긴 동지에 해당하는 날로, 이날 이후로는 밤이 점점 짧아지면서 봄이 찾아온다. 율은 태양의 부활과 빛의 약속을 나타내는 날이다. 이 시간을 이용해 삶과 죽음의 변화하는 에너지를 기리고 가족, 친구들과 함께 즐거운 시간을 보내자.

• **임볼크(임볼그):** 북반구에서는 2월 1일, 남반구에서는 8월 1일이다. 성촉절 또는 성 브리지드의 날이라고도 불린다. 임볼크는 어두운 겨울잠을 끝내고 생명이 새롭게 등장하는 때를 나타낸다. 생식력, 사랑, 창조력을 기리는 날로 이용하자.

• **오스타라:** 북반구에서는 3월 20~21일, 남반구에서는 9월 20~21일에 해당하는 날이다. 오스타라는 일 년 중 밤과 낮의 길이가 정확히 같은 날 중 하나인 춘분이다. 오스타라가 지나고 나면 낮이 점점 길어지며 여름이 찾아온다. 회복, 균형, 부활을 축하하는 이 시간을 이용해 새로운 삶과 새로운 아이디어를 기리자.

• **벨테인:** 북반구에서는 5월 1일, 남반구에서는 11월 1일이다. 메이데이, 5월제라고도 불리는 이날은 삶, 새로운 시작, 열정, 로맨스를 기념한다. 이 시간을 이용하여 남녀관계, 봄의 에너지를 기리자.

• **리타:** 북반구에서는 6월 21~22일, 남반구에서는 11월 21~22일이다. 리타는 일 년 중 낮이 가장 긴 하지를 말한다. 이때를 태양, 생명력, 성장, 권능 부여를 기리는 날로 이용하면 된다.

• **루나사:** 북반구는 8월 1일, 남반구는 2월 1일에 기린다. 수확제라고도 불리는 이날은 한 해의 첫 번째 추수 축제의 날로, 추워질 때를 대비하여 일 년간 뿌렸던 씨앗을 수확하는 날이다. 이때를 빌려 감사함, 풍족함, 창의력을 찬양하자.

• **마본:** 북반구에서는 9월 22~23일, 남반구에서는 3월 20~21일에 해당한다. 일 년 중 밤과 낮의 길이가 정확히 같은 날 중 하나인 추분이다. 마본이 지나고 나면 낮이 점점 짧아지며 겨울이 찾아온다. 이날은 한 해의 두 번째 추수 축제의 날로, 사랑하는 사람들과 축하하며 감사를 전한다('마녀들의 추수감사절'이라는 별명도 있다).

달의 주기

달은 주문에서 중요한 역할을 한다. 달이 29일과 한나절에 걸쳐 지구 주위를 한 바퀴 돌면 음력 한 달이 완성된다. 이 시간 동안 달은 초승달을 거쳐 보름달이 되었다가 다시 그믐달이 되며, 그때마다 매번 새로운 주기를 시작한다. 이어지는 내용에서 달의 위상, 그리고 그것들을 주문에 사용하는 법에 대해 소개하겠다.

달의 역할

달의 에너지는 달의 주기에 따라 달라진다. 그러므로 주문을 걸 때 달의 상태가 어떠한지 아는 것은 매우 중요하다.

달의 주기는 초승달부터 시작한다. 초승달은 무한한 잠재력과 또 다른 기회를 제공한다. 새로운 시작, 개인적인 발전, 영혼의 현시, 평화, 점과 관련된 주문을 걸기에 딱 알맞은 상태다.

상현달은 초승달과 보름달 사이 중간 지점에 해당한다. 지금 달의 에너지는 점점 커지는 중이다. 그러므로 이 단계에서는 성장을 위한 에너지가 필요한 주문, 즉 창의력, 행운, 용기, 건강, 재력, 균형, 동기 부여, 사랑과 관련된 주문을 하는 게 이상적이다.

보름달은 달이 동그랗게 꽉 찬 상태로 하늘을 밝게 비춘다. 달의 에너지는 보름달일 때 가장 강력하기에 앞으로 주문에 사용할 도구들을 충전하고 싶다면 이 시기를 이용하는 것이 좋다. 이때 일부 마녀들은 보름달 의식, 에스밧Esbat을 연다. 보름달 단계에는 영성, 결정, 건강, 성공과 관련된 주문을 걸도록 하자.

하현달은 달이 다시 작아지는 과정에서 나타난다. 이 단계에서는 그라운딩, 제거, 배출, 떨쳐내기, 변환, 장애물, 균형과 관련된 주문을 건다.

다시 초승달이 뜨기 전까지 그믐달이 뜬다. 이 단계에서 달은 어둠에 뒤덮여 밤하늘에서 사라진다. 이때는 직관, 보호, 정화, 명상, 에너지와 관련된 주문이 효과적이다.

보름달

매달 보름달이 뜨지만 각각의 보름달도 달마다 의미가 달라진다. 기본적으로 일 년에 열두 번의 보름달이 뜨지만, 한 해 동안 열세 번의 보름달이 뜰 때가 있다. 이로 인해 두 번째 보름달 '블루문'을 만날 수 있다. 아래는 각 달의 보름달이 의미하는 바를 정리한 것이다.

- **1월의 달:** 늑대, 추위, 자작나무의 달. 보호, 직관, 지혜의 에너지를 강조.

- **2월의 달:** 활기, 눈, 굶주림, 순결함, 마가목의 달. 정화, 성장, 치유의 에너지.

- **3월의 달:** 폭풍, 벌레, 씨앗, 수액, 재의 달. 탄생과 자각의 에너지.

- **4월의 달:** 토끼, 바람, 풀, 분홍색, 오리나무의 달. 변화, 균형, 감정, 계획과 관련된 주문을 걸기에 이상적이다.

- **5월의 달:** 꽃, 쾌활함, 우유, 나무 심기, 버드나무의 달. 에너지, 직관, 친밀함 키우기와 관련된 주문에 이상적이다.

- **6월의 달:** 장미, 벌꿀 술, 딸기, 강한 햇빛, 산사나무의 달. 보호, 강화, 예방, 유지와 관련된 주문에 아주 좋다.

- **7월의 달:** 맥아즙, 건초, 천둥, 축복, 사슴, 참나무의 달. 점, 꿈, 영적인 능력과 관련된 주문에 안성맞춤이다.

- **8월의 달:** 옥수수, 빨간색, 철갑상어, 호랑가시나무의 달. 부활, 풍부함, 번영, 회복과 관련된 주문을 건다.

- **9월의 달:** 추수와 개암나무의 달. 밝음과 어둠, 감정, 심리적이고 정신적인 웰빙과 관련된 주문에 이상적이다.

- **10월의 달:** 피, 사냥꾼, 포도나무의 달. 내려놓기, 정화, 카르마, 성장, 점, 꿈, 영혼과 관련된 주문에 좋다.

- **11월의 달:** 애도, 서리, 비버, 담쟁이덩굴의 달. 습관 버리기, 관계 정리하기, 새로운 시작, 친밀함과 관련된 주문에 도움이 된다.

- **12월의 달:** 긴 밤, 추위, 갈대의 달. 인내, 부활, 변형과 관련된 주

문에 좋다.

- **블루문:** 다른 어떤 달보다 에너지가 강하다.

도구와 옷

주문을 걸 때는 누구나 도구가 필요하다. 하지만 값비싼 도구나 화려한 보석을 잔뜩 가지고 있다고 해서 그 자체로 당신의 능력이 좋아지는 것은 아니다. 우선 도구와 옷에 관한 기초 사항들을 짚어 보도록 하자.

마법용 옷

마법을 부릴 때 입는 옷은 마법 주체가 따르는 전통에 따라 달라진다. 코벤이나 서클에 가입한 사람들은 종종 가운과 같은 예복을 입는다. 어떤 전통에서는 벌거벗고 주문을 걸기도 한다. 주문을 걸 때 옷을 신경 쓰기는 해야 하지만, 그렇다고 화려하거나 비싼 옷이 필요한 것은 아니다. 앉고 서고 움직이고 때에 따라 춤을 출 때 편안함을 느끼는 것이 가장 중요하다. 보석, 크리스털, 부적을 추가로 착용하면 에너지를 더욱 향상시킬 수 있다.

중요한 물품들

마녀들은 주문에 도움을 주기 위하여 다양한 도구와 물품을 활용한다. 내게 없어서는 안 될 도구로는 마법서, 제단 그릇, 절구와 절굿공이, 양초, 크리스털, 향, 점사 도구, 마녀 빗자루, 지팡이가 있다. 이 책에서 소개할 주문 중에는 펜던트, 보석, 주술 인형 같은 물품을 사용하는 것들도 있다. 여기, 가장 흔하게 사용하는 도구와 물품을 정리해 보았다.

마법서

마녀의 마법서에는 주문, 명상, 의식, 레시피, 잡다한 메모가 포함되어 있다.

제단 그릇

마음에 드는 제단 그릇을 찾는 게 생각보다 어렵다. 제단 그릇에는 소금, 허브, 크리스털, 물 등을 담는다(물약을 만들 때나 크리스털 점을 칠 때 필요하다). 나는 넓적하고 적당히 깊은 검은색 그릇 또는 천연 재료 그릇을 쓴다.

절구와 절굿공이

주문에 사용할 허브를 손으로 직접 갈면 마음을 다잡고 집중하는 데 도움이 된다. 나는 약병, 부적 주머니, 파우치,

향, 양초, 주술 인형에 사용할 허브 혼합물을 절구와 절굿공이로 직접 갈아서 쓴다.

양초

이 책의 주문에는 다양한 종류의 양초가 필요하다. 굵은 기둥형 양초, 아래로 갈수록 굵어지는 모양의 테이퍼 양초는 시간이 오래 걸리는 장기적인 주문에 적합하다. 작은 사이즈의 티라이트나 보티브 양초는 1회용으로 알맞다. 양초가 타는 시간은  다양한데, 평균적으로 12~18센티미터의 기둥형 양초는 다 타는 데 90~100시간 정도 걸린다. 작은 보티브 양초는 10~15시간, 티라이트는 4~6시간 정도 걸린다. 불이 붙은 양초는 가연성 물질, 인화성 액체, 가스로부터 멀리 떨어뜨려 놓아야 한다.

크리스털

크리스털은 주문 마법에서 매우 중요하다. 나는 크리스털을 '재충전 가능한 에너지 배터리'라고 생각한다. 이 책 속 주문에서는 다양한 크리스털과 스톤을 사용하는데, 나는 그중에서도 클리어쿼츠로

시작하는 것을 추천한다. 거의 모든 주문에서 다른 크리스털 대신 사용할 수 있기 때문이다. 크리스털은 사용 전후에 오래된 에너지를 씻어내야만 한다. 자주 사용하는 크리스털 목록은 45쪽에 소개하겠다.

향(인센스)

향은 세척, 정화, 의도 설정 과정에 도움을 주기 위해 사용한다. 향에는 가연성과 불연성이 있다. 가연성 향은 불에 잘 타도록 초석(질산칼륨)이 함유되어 있고 원뿔, 스틱, 코일 형태로 구입할 수 있다.
불연성 향은 내열 접시 위에 원반 모양 숯을 놓고 그 위에서 태워야 한다. 보통 말린 허브 다발을 끈으로 묶은 스머지 스틱이나 루스 인센스 믹스loose incense mix 형태로 나온다.

점사 도구

점을 치거나 미래를 예견할 때 마녀들은 각기 다른 도구를 이용해 도움을 받는다. 나는 제단에 늘 타로 카드 한 벌을 준비해 놓는다 (라이더 웨이트 카드를 추천한다).
그리고 손에는 늘 룬스톤 주머니를 쥐고 있다. 룬스톤은 라틴 알파

벳 이전 게르만족들이 사용하던 '룬 문자'의 알파벳을 새겨놓은 돌이다. 그중에서도 나는 스물네 글자로 이루어진 엘더 푸사르크 룬 문자를 사용한다.

마녀 빗자루(대빗자루)

제단이 있는 공간이나 방을 쓸 때 사용하는 빗자루다. 마법 의식을 행한 후 남아 있는 오래된 에너지를 씻어낸다. 많은 마녀들이 미니어처 대빗자루를 이용해 제단, 도구, 주술 재료를 청소한다.

주술 인형

주술 인형Poppet은 손으로 만든 것으로 주술 속에 등장하는 사람을 대신한다. 어떤 천으로 만들어도 상관없지만 바느질이 서툴다면 펠트로 작업하기를 추천하며, 큰 자수바늘과 자수실을 이용하는 게 편리하다.

지팡이 또는 마법 단검

지팡이는 주술에서 에너지를 원하는 방향으로 보낼 때 사용한다. 때로는 전통적인 마법 단검athame이나 플랑셰트planchette를 대

신해서 사용하기도 한다. 지팡이는
다양한 종류의 나무로 만들 수 있고
때로는 크리스털이나 스톤을 붙이기
도 한다.

마녀의 저장고 엿보기

이 책의 주문은 대부분 근처 상점에서 쉽게 구할 수 있는 재료들을 이용한다. 아래는 일반적으로 사용되는 재료의 목록이다.

에센셜 오일

식물의 향을 품고 있는 농축 오일이다. 효능이 강하기 때문에 대부분의 주문에서는 소량만 사용한다. 피부에 바를 때는 물이나 캐리어 오일에 희석해서 사용하도록 한다.

- 베르가모트
- 재스민
- 장미
- 시더우드
- 라벤더
- 로즈메리
- 유칼립투스
- 파촐리
- 세이지
- 제라늄
- 페퍼민트
- 샌달우드

캐리어 오일

에센셜 오일을 희석할 때 사용하는 (보통 식물이나 채소로 만든) 베이스 오일이다. 가격이 저렴하며 슈퍼마켓에서 쉽게 구입할 수 있다.

- 아몬드 오일
- 코코넛 오일
- 올리브 오일
- 아보카도 오일
- 호호바 오일
- 로즈힙 오일

허브, 향료, 꽃, 크리스털

이 책의 주문에 매우 중요한 역할을 하는 재료다.

- 허브(신선/건조)

- 바질
- 쑥
- 세인트존스워트
- 월계수잎(건조)
- 오렌지 제스트(신선)
- 타임
- 레몬밤
- 민트
- 로즈메리

- 향료

- 올스파이스
- 정향(통/분말)
- 넛멕(육두구)
- 블랙페퍼
- 세이지
- 바다 소금(시솔트)
- 블랙솔트
- 칠리 플레이크
- 카르다몸
- 팔각
- 카옌페퍼
- 쿠민
- 시나몬(분말/스틱)
- 엡섬솔트
- 생강(신선/건조)

- 꽃(별도로 표기하지 않는 한 모두 건조한 것)

- 캐모마일
- 라벤더
- 장미 꽃잎(신선/건조)
- 제라늄 꽃잎
- 메리골드
- 바이올렛
- 히비스커스
- 로즈힙
- 재스민
- 서양톱풀

- 크리스털

- 아벤츄린(금수정)
- 가넷
- 로즈쿼츠(홍수정)
- 블러드스톤
- 헤마타이트(적철석)
- 셀레나이트
- 카니리언
- 라피스 라줄리(청금석)
- 스모키쿼츠(연수정)
- 시트린(황수정)
- 옵시디언(흑요석)
- 소달라이트
- 클리어쿼츠(백수정)
- 페리도트(감람석)
- 타이거아이(호안석)
- 에메랄드
- 파이라이트(황철석)
- 터코이즈(터키석)

형태적 요소

주문은 흔히 상징symbols과 기표signifiers를 사용한다. 마법의 전통을 통틀어 같은 상징들이 많이 사용되고 있기는 하지만, 포괄적으로 그 상징의 목록을 모두 정리하는 것은 불가능한 일일 것이다. 여기 가장 흔하게 사용되는 상징과 기표를 모아 보았다.

상징

상징을 사용하면 빠르게 의사소통을 하고 주문을 걸 수 있다. 가장 중요한 상징으로는 펜타클, 삼각형 기호, 원, 달의 형상, 마법 인장, 매듭이 있다.

• **펜타클:** 원 안에 오각별, 즉 펜타그램pentagram이 그려져 있는 것이다. 펜타클은 현대 페이거니즘의 상징이 되었기 때문에 각종 도구에 새겨져 있는 걸 쉽게 볼 수 있을 것이다. 원소, 제단, 새크리드 서클(성스러운 원), 보호, 신성한 힘, 영성과 밀접한 관련이 있다.

• **삼각형 기호:** 자연 세계의 4원소(흙, 공기, 물, 불)를 상징하는 각

기 다른 네 개의 삼각형이다. 직접 이 원소를 사용할 수 없을 경우 원소를 상징하는 삼각형을 이용할 수 있다.

- **원:** 원 모양은 성스러운 장소와 스스로를 보호하는 에너지를 나타낸다. 원은 완전함, 변화하는 에너지, 정신 그리고 점성술에서 태양과 달의 상징과 관련이 있다.

- **달의 형상:** 달 변화의 여러 단계(초승달, 상현달, 보름달, 하현달, 그믐달)에는 각각에 해당하는 상징이 있다. 앞선 챕터에서 언급했듯 달의 형상에 담긴 차이점을 알면 주문 수행에 도움이 된다. 또한 더 쉽게 달력을 읽고 점성술의 변화를 추적할 수도 있다.

- **마법 인장:** 마법 인장sigils은 독특한 상징으로, 에너지를 담고 싶은 사물에 조각하거나 그림을 그리거나 바느질하는 등 특별한 의도와 의미를 담아 만들어낼 수 있다.

- **매듭:** 주문에서 매듭은 연결, 보호, 속박 등을 상징한다.

색

마법에서 서로 다른 색은 서로 다른 의미를 지닌다. 이 책에 등장하는 주문에도 특정한 의도를 충족시키기 위해 특정한 색을 사용한다. 다음은 다양한 색에 담긴 상징을 정리한 목록이다.

- **흰색:** 정화, 보호, 진실, 순수, 치유, 또렷한 시야
- **검은색:** 부정성, 반전, 제거, 보호, 용서, 비탄, 관계 끊기
- **갈색:** 불확실성, 그라운딩, 보호, 잃어버린 물건 위치 찾기
- **회색:** 중립, 감정의 정리, 불가시성, 타협
- **빨간색:** 사랑, 열정, 힘, 용기, 기쁨, 행동, 결심
- **주황색:** 생식력, 창조성, 자부심, 자신감, 풍족함, 에너지
- **노란색:** 자신감, 지혜, 행복, 기억, 집중, 논리, 정신적 훈련
- **초록색:** 돈, 행운, 생식력, 치유, 성장, 번영
- **파란색:** 건강, 진정, 자신감, 진실, 성공, 보호, 우울감
- **보라색:** 능력, 영적 재능, 점, 영적 보호, 꿈, 기억
- **분홍색:** 사랑, 존경, 로맨스, 우정, 애정, 믿음, 매력
- **금색:** 세속적인 성취, 부, 인정
- **은색:** 점, 목표, 자각, 영적 재능, 환영

노래와 구호

주문의 에너지, 힘, 의도를 끌어올리기 위해 단어, 구호, 노래, 글귀를 이용한다. 각자 자신만의 구호나 글귀를 직접 만들 수도 있다.

주문 시작 전 기억할 것들

주문 마법을 시작하기 전에 카르마, 의도, 윤회, 자유 의지에 관해 알

아두는 것이 중요하다.

카르마와 의도

당신은 의도가 무엇인지, 의도와 카르마가 서로 어떻게 만나는지 유념해야만 한다. 주문을 위한 의도를 설정할 때 개인의 책임을 절대 잊어서는 안 된다. 당신이 세상에 내놓은 의도는 결국 당신에게로 되돌아간다는 것을 기억하자.

환생

전생의 카르마가 당신을 찾아올 수도 있다. 당신이 너무나 많은 불운을 겪고 삶의 부정적인 경험을 하고 있다면, 그것은 전생에 나쁜 짓을 저질렀던 결과일지도 모른다.

자유 의지

당신은 변화를 일으킬 수 있는 마법의 능력을 지니고 있다. 하지만 어떤 상황에서도 타인의 자유 의지를 존중해야만 한다. 다른 사람의 자유 의지를 바꾸려는 시도는 심각한 결과를 불러올 수 있다. 다른 사람과 연관된 주문을 걸 때는 항상 목적에 유념해야 한다.

주문 마법 기본 가이드

이 책의 주문 대부분은 기본적인 지시 사항이 동일하다. 특정한 주문에 착수하기 전, 미리 알고 있어야 할 기본적인 지침과 그 의미를 정리해 보았다.

제단이나 주변 공간 청소하기

이것은 책에 소개된 거의 모든 주문의 첫 번째 단계다. 오래된 에너지를 정화하는 것뿐만 아니라 물리적으로 주변 공간을 치우는 것을 말한다.

도구와 재료 정화하기

주문을 시작하기 전에 먼저 도구와 재료를 정화해야 한다. 물건을 정화하는 방법에는 몇 가지가 있다. 향 연기 사이로 물건을 통과시킬 수도 있고, 대빗자루로 표면을 쓸 수도 있고, 물로 씻을 수도 있다. 이때, 지켜야 할 몇 가지 법칙이 있다. 우선 물에 젖었을 때 손상이 올 수 있는 금속 장신구, 나무, 몇몇 크리스털은 물로 씻으면 안 된다. 환기가 잘 안 되는 공간에서는 향 연기로 정화해서는 안 된다. 특별히 구체적인 요구 사항이 있는 게 아닌 이상 물건의 정화 방법에 대해서는 따로 명시하지 않으니 일반적인 판단에 따르면 된다.

물 준비하기

어떤 주문에는 달의 에너지를 흡수시킨 물(문워터)이 필요하다. 문워터를 만들기 위해서는 물그릇을 밤새 보름달 아래에 두기만 하면 된다. 이를 통해 달의 에너지가 물에 전달되어 물에 달의 기운이 생기게 된다.

크리스털 (재)충전하기

보름달 달빛 아래에 크리스털을 두면 에너지를 충전할 수 있다. 달이 뜰 때까지 기다릴 시간이 없다면 크리스털을 손에 쥐고 여러분의 에너지로 충전할 수도 있다.

완성된 아이템 재충전하기

주문을 행하며 만들었던 아이템을 재충전하기 위해서는 그 주문을 똑같이 재수행해야 한다. 예를 들어 펜던트를 만드는 과정이 포함된 주문을 했을 경우, 그 주문을 한 번 더 수행해야만 펜던트를 재충전할 수 있다.

아이템에 오일 바르기

말 그대로 무언가에 오일을 문질러 바르는 것이다.

응시하기(스크라잉, 물 스크라잉, 불 스크라잉)

스크라잉scrying은 어떤 물질을 응시하며 그 안에서 미래를 보는 과정이다.

지팡이 이용하기

지팡이는 여러분의 에너지를 집중시키거나 어딘가로 에너지를 보낼 때 도움을 줄 것이다. 지팡이를 손에 꼭 쥐고 손을 쓰듯이 사용하면 된다. 주문의 의도에 집중할 때, 에너지 장벽을 만들 때, 크리스털 그리드를 활성화할 때, 지팡이로 원하는 곳을 가리키며 여러분의 에너지를 보낼 수 있다.

아이템에 여러분의 의도를 가득 채우기

우선 아이템을 손에 쥐고 눈을 감은 뒤, 여러분이 원하는 바를 상상해야 한다. 이 과정을 통해 여러분의 에너지가 아이템으로 흘러 들어갈 수 있다. 당신의 의도, 에너지, 욕망이 주문의 결과를 좌우한다.

2부
주문

우리는 보통 우리 삶에 변화를 일으키기 위해 주문을 건다. 하지만 그 전에 우리가 주문에 주입하는 에너지와 의도에 대해 예민하게 의식할 줄 알아야 한다. 종종 나쁜 의도를 가지고 주문을 걸거나, 감정이 격해지거나, 불안정한 상태에서 마법을 행하려는 유혹에 빠질 수 있다. 하지만 이런 행동은 심각한 결과를 초래할 수 있다.

항상 사려 깊고 합리적이며 신중한 방식으로 주문 마법에 접근해야 한다는 걸 잊지 말자. 당신의 의도가 가진 힘을 어떻게 사용할지 선택하는 사람은 다름 아닌 당신이니까.

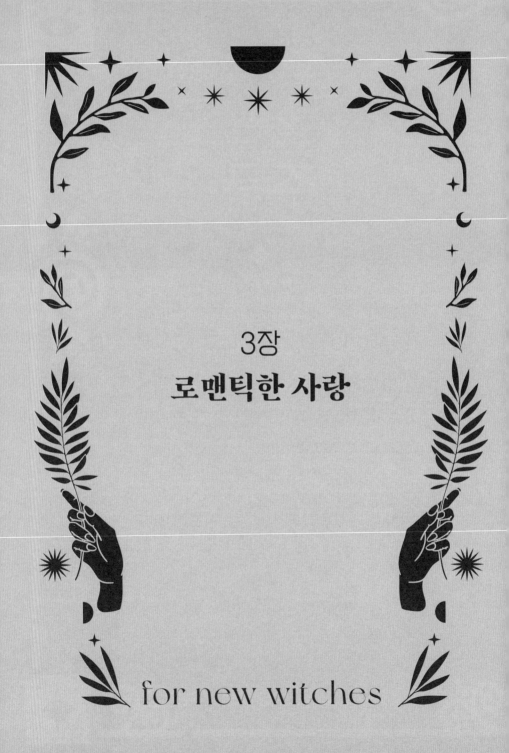

3장

로맨틱한 사랑

for new witches

사랑을 찾거나 누군가를 사로잡는 주문은 주문 마법 중에서도 특히 인기가 높다. 하지만 이런 주문은 의외로 위험할 수도 있다. 주의를 기울이지 않으면 무심코 우주의 법칙을 어길 수도 있기 때문이다. 사랑에 관한 주문을 걸 때는 무엇이 옳고 그른지 신중하게 판단하고 결정을 내려야 한다. 이번 장에 소개한 주문을 통해 사랑을 끌어당기고, 찾고, 키우고, 극복하면서 여러분의 삶에 사랑을 불어넣어 보자.

장밋빛 사랑의 물약

이 물약은 구혼자가 될 수도 있는 사람 또는 여러분이 흠모하는 상대를 여러분의 삶에 끌어들이는 데 알맞은 약이다. 구하기 쉬운 허브와 이미 집에 있을 법한 도구를 사용한다. 이 레시피에는 장미가 가장 잘 어울린다. 아무래도 사랑하면 장미니까.

주문을 걸 때:
금요일 또는 상현달이 떴을 때

주문에 소요되는 시간:
15분

주문을 걸 장소:
부엌

필요한 재료와 도구:
작은 냄비, 물 1컵, 말린 장미 꽃잎 1티스푼, 말린 히비스커스 1티스푼, 말린 라벤더 1티스푼, 시나몬 1꼬집, 면포 또는 체, 컵

1. 부엌을 깨끗이 청소한다.
2. 마음의 준비가 되었으면 작은 냄비에 물을 끓인다.
3. 냄비를 불에서 내린 뒤 장미 꽃잎, 히비스커스, 라벤더, 시나몬을 동시에 냄비에 넣는다. 그러면서 "우러나라, 채워라, 전하라, 빠져들어라"라는 주문을 네 번 반복한다.
4. 매혹의 에너지가 냄비 안의 허브 주위를 에워싸는 모습을 상상하면서 혼합물을 천천히 저어준다. 내용물이 우러나도록 10분 동안 기다린다.
5. 고운 천이나 체로 내용물은 걸러내고 남은 물을 마신다.

자기애를 불러일으키는 목욕

오래된 에너지를 씻어내고 새롭고 건강한 에너지를 채워주는 목욕 마법이다. 이 주문은 신체적, 정신적, 정서적, 심리적, 영적 자아를 위해 더 많은 자기애를 불러일으키는 데 제격이다.

주문을 걸 때:
월요일, 금요일, 또는 보름달이 떴을 때

주문에 소요되는 시간:
30분

주문을 걸 장소:
욕실

필요한 재료와 도구:
엡섬솔트 1컵, 재스민 에센셜 오일 3방울, 장미 에센셜 오일 3방울, 라이터 또는 성냥, 분홍색 기둥형 양초, 로즈쿼츠

1. 욕실을 깨끗이 청소한다.
2. 욕조에 미온수 또는 온수를 받는다.
3. 물에 엡섬솔트와 재스민 오일, 장미 오일을 넣어준다.
4. 욕조에 물을 채우는 동안 양초에 불을 붙이고 근처 안전한 장소에 초를 놓아둔다.
5. 주로 쓰는 손에 로즈쿼츠를 쥐고 20분간 물에 몸을 담근다. 그동안 자기 자신의 사랑스러운 점들에 집중한다. 목욕물이 여러분의 몸과 로즈쿼츠에 사랑과 치유의 에너지를 불어넣는 걸 느껴보자.
6. 20분 후 목욕물을 빼고 촛불을 끈다.
7. 자기애를 충전시키고 싶을 때마다 양초를 켜고 로즈쿼츠를 손에 쥔다.

끝난 사랑을 위한 주문

이 주문은 지나간 사랑에서 벗어나는 데 도움을 줄 것이다. 이 주문을 걸기에 가장 이상적인 시기는 보름달이 뜨고 난 후, 즉 보름달이 그믐달로 기울기 시작했을 때다.

주문을 걸 때:
하현달이 떴을 때

주문에 소요되는 시간:
15분

주문을 걸 장소:
제단

필요한 재료와 도구:
정향 에센셜 오일 3방울, 올리브 오일 3테이블스푼 , 작은 접시, 검은색 기둥형 양초, 펜과 종이, 큰 그릇, 작은 그릇, 물 ½컵

1. 제단을 깨끗이 청소한다.
2. 정향 에센셜 오일과 올리브 오일을 작은 접시에 넣고 섞는다. 손가락을 이용해 이것을 검은 양초에 바른다. 심지에 오일이 묻지 않도록 조심한다.
3. 양초에 불을 켜고 헤어진 연인과 관계를 끊는 것에 의도를 집중시킨다.
4. 더 이상 당신에게 도움이 되지 않는 감정을 향해 작별 인사 메시지를 쓴다. 그리고 이 메시지를 쓴 종이를 큰 그릇에 넣는다.
5. 작은 그릇에 물을 채우고 손을 담근 후 고통, 화, 억울함을 씻어낸다.
6. 작은 그릇의 물을 손으로 떠낸 후 큰 그릇에 있는 종이에 끼얹으며 작별을 고한다.
7. 종이의 물을 꽉 짠 후 완전히 폐기한다.
8. 옛 감정이 다시 살아날 때마다 오일 바른 양초에 불을 붙인다.

사랑의 마법 인장

맞춤형 마법 인장 만들기는 재미있고 창의적이다! 마법 인장으로 사랑하는 상대에게서 더 많은 관심을 끌어올 수 있다. 당신의 진실한 감정을 밝힐 때에도 완벽한 방법이 될 수 있다.

주문을 걸 때:
금요일 또는 초승달이 떴을 때

필요한 재료와 도구:
종이 2장, 빨간 펜

주문에 소요되는 시간:
10분

주문을 걸 장소:
제단

1. 제단을 깨끗이 청소한다.
2. 종이 한 장에 빨간 펜으로 당신과 상대의 이름을 쓴다.
3. 이름의 글자들을 직선, 곡선, 점 등 기본 획으로 해체한다. 아까 쓴 이름 밑에 그 획들을 그려 넣는다.
4. 같은 종이에 이 획들을 조합하여 원하는 모양의 외곽선을 그린다. 사각형, 하트 모양, 십자, 삼각형 등 어떤 모양이라도 상관없다. 나머지 남는 원이나 곡선, 점은 외곽선 주위에 적절히 배치한다. 이것이 바로 사랑의 마법 인장이 된다.
5. 새 종이에 당신의 의도를 가득 담으며 마법의 인장을 다시 그린다. 그리고 늘 지니고 다닌다.

사랑을 회복시키는 주문

사랑하는 사람과의 말다툼을 후회하고 있는가? 당신의 로맨스를 다시 처음으로 되돌리고 싶은가? 이 주문이 사랑을 회복시켜 줄 것이다.

주문을 걸 때:
월요일 또는 초승달이 떴을 때

주문에 소요되는 시간:
45~60분

주문을 걸 장소:
제단

필요한 재료와 도구:
욕망의 향(69쪽) 또는 긍정을 부르는 향(214쪽), 원반 모양 숯과 내열 접시(선택), 티라이트 양초 3개, 라이터 또는 성냥, 다른 색깔의 끈 2개(길이 25센티미터)

1. 제단을 깨끗이 청소한다.
2. '욕망의 향' 또는 '긍정을 부르는 향'을 피운다. 향이 잘 부서진다면 내열 접시 위에 원반 모양 숯을 놓고 그 위에서 태운다. 양초 3개를 삼각형 모양으로 배치한다.
3. 양초를 켜고 사랑의 회복에 의도를 집중시킨다.
4. 끈 두 개를 쥐고 한쪽 끝을 오버핸드 매듭으로 묶는다. 그러면서 "사랑의 매듭아, 사라진 것을 되살려라"라고 말한다.
5. 매듭을 한 번 더 묶으며 "열정의 매듭아, 기쁨을 되살려라"라고 말한다.
6. 세 번째 매듭을 묶으며 "흠모의 매듭아, 손상된 것을 회복시켜라"라고 말한다.
7. 네 번째이자 마지막 매듭을 묶으며 "욕망의 매듭아, 고쳐서 다시 쓰게 하라"라고 말한다.
8. 양초를 계속 켜둔 채 명상을 하면서 당신이 원하는 사랑이 복구되는 모습을 상상한다. 45분에서 60분이 지날 때까지 계속한다.

사랑의 상처를 태워버리는 주문

불이라는 원소를 이용해 마음의 상처를 태워서 날려버리자. 이 주문에는 치유력이 있는 것으로 알려진 레몬밤과 사진이 필요하다. 깨진 관계 때문에 느끼는 고통으로부터 회복하는 데 도움을 줄 것이다.

주문을 걸 때:
월요일 또는 그믐달이 떴을 때

주문에 소요되는 시간:
30~45분

주문을 걸 장소:
제단 또는 야외 화로

필요한 재료와 도구:
야외에서 할 경우 화로, 실내일 경우 내화성 그릇, 라이터 또는 성냥, 사진 2장(1장은 당신의 것, 1장은 당신의 마음을 아프게 한 사람의 것), 말린 레몬밤 1줌, 바다 소금(선택)

1. 제단 또는 야외 화로 주변을 깨끗이 청소한다.
2. 실내에서 주문을 건다면 라이터로 사진 가장자리에 불을 붙인 뒤 내화성 그릇 안에 넣는다. 야외에서 할 경우, 불 안에 차례로 사진을 던져 넣으면 된다. 사진이 타는 동안 이렇게 말한다.
   "이 사진으로, 나는 이 슬픔을 잊는다.
   이 불로, 나는 이 아픔을 태워버린다.
   이 재로, 나는 이 고통을 날려버린다."
3. 사진이 다 탔으면 화로나 그릇 안에 레몬밤을 넣는다.
4. 선택 사항: 타고 남은 재와 바다 소금을 섞어 강력한 블랙솔트를 만들 수 있다. 블랙솔트를 주변에 뿌리거나 던지면 미래에 생길 부정적인 감정을 사라지게 할 수 있다.

사랑의 상처를 치유하는 부적

이 주문을 통해 마음을 치유하는 부적을 만들 수 있다. 부적은 항상 지니고 다녀야 한다. 이 레시피에는 카옌페퍼가 들어가는데, 이별로 가슴앓이를 할 때 이 성분이 도움을 줄 수 있다.

주문을 걸 때:
금요일 또는 그믐달이 떴을 때

주문에 소요되는 시간:
10분

주문을 걸 장소:
제단 또는 부엌

필요한 재료와 도구:
카옌페퍼 1꼬집, 검은색 또는 흰색의 보티브 또는 기둥형 양초, 라이터 또는 성냥, 목걸이

1. 제단을 깨끗이 청소한다.
2. 양초 위에 카옌페퍼를 뿌린다.
3. 초를 켜고 마음의 상처가 치유되는 모습을 상상한다.
4. 양초에서 나오는 연기에 목걸이를 통과시키며 이렇게 말한다.

   "치유의 목걸이야,
   내 상처 입은 가슴의 빈틈을 채워다오.
   이제 너에게 에너지와 감정을 가득 채울 테니
   새롭게 시작하는 나를 도와다오."
5. 목걸이에 능력을 주입하며 에너지를 충전시킨다.
6. 두세 달마다 이 주문을 반복하며 부적을 재충전한다. 매번 같은 양초를 사용해도 된다.

믿음을 지켜주는 반지

이 주문은 커플 반지에 마법을 걸어 당신과 파트너 사이의 신뢰를 북돋게 해준다. 원래 이 주문은 결혼반지에 이용하기 위한 것이지만, 다른 어떤 장신구에도 적용할 수 있다.

주문을 걸 때:
춘분, 하지 또는 상현달이 떴을 때

주문에 소요되는 시간:
15분

주문을 걸 장소:
제단

필요한 재료와 도구:
캐리어 오일 1테이블스푼, 큰 접시 2개, 분홍색 기둥형 양초, 말린 바질 1티스푼, 말린 감초 1티스푼, 라이터 또는 성냥, 원하는 장신구 2점(하나는 당신의 것, 하나는 파트너의 것)

1. 제단을 깨끗이 청소한다.
2. 접시에 캐리어 오일을 붓는다.
3. 오일 안에 기둥형 양초를 눕혀놓고 앞뒤로 굴린다.
4. 오일 묻은 양초에 바질과 감초 가루를 뿌려 전체적으로 코팅한다. 당신의 의도를 양초에 주입하는 데 집중한다.
5. 오일 바른 양초를 두 번째 접시에 세워놓고 불을 붙인다.
6. 장신구를 꺼내 양초 연기 사이로 통과시킨다. 불꽃에 너무 가까이 닿지 않도록 조심한다.
7. 각각의 장신구에 믿음, 헌신, 충실함, 전념 같은 것들을 가득 채워 넣는다고 생각한다.
8. 장신구를 식힌다. 장신구를 착용하다가 1~3개월마다 주문을 반복하며 재충전한다.

내게로 와요 오일

이 오일을 피부에 바르면 에너지와 진동을 발산시켜 사랑을 끌어당길수 있다. 양초, 주술 인형, 부적 등에 발라도 된다. 민감한 피부라면 먼저 소량으로 테스트를 해보는 게 좋다. 이 오일은 대략 8개월 동안 유지되므로, 시간이 지나면 새로 충전해야 한다.

주문을 걸 때:
금요일 또는 보름달이 떴을 때

주문에 소요되는 시간:
20분

주문을 걸 장소:
제단

필요한 재료와 도구:
아몬드 오일이나 호호바 오일 같은 캐리어 오일 2테이블스푼, 황색 롤러 달린 병 또는 스포이트 병, 장미 에센셜 오일 2방울, 시더우드 에센셜 오일 2방울, 라벤더 에센셜 오일 1방울, 바닐라 에센셜 오일 2방울, 오렌지 제스트 1꼬집

1. 제단을 깨끗이 청소한다.
2. 황색 병에 캐리어 오일을 붓는다.
3. 병 안에 차례로 장미, 시더우드, 라벤더, 바닐라 에센셜 오일을 추가한다. 각 재료를 넣으며 "내게로 와요"라고 말한다.
4. 오렌지 제스트를 넣는다.
5. 두 손에 병을 쥐고 에너지가 병 주변을 에워싸는 모습을 상상한다. 당신의 의도를 오일 병에 가득 채운다.

사랑을 발견하는 물약

각종 허브를 달여 만든 이 물약은 사랑을 발견하고 미래 파트너의 모습을 엿볼 수 있게 도와준다. 시트린 스톤을 충전하는 데에도 이용할 수 있다. 시트린은 마음을 자극하여 환영을 더 잘 볼 수 있도록 돕는다.

주문을 걸 때:
금요일 또는 초승달이 떴을 때

주문에 소요되는 시간:
15~20분

주문을 걸 장소:
부엌

필요한 재료와 도구:
작은 냄비, 물 1컵, 말린 장미 꽃잎 1티스푼, 말린 캐모마일 1티스푼, 말린 쑥 ½티스푼, 말린 레몬그라스 ½티스푼, 시트린 스톤, 면포 또는 저장용기, 컵

1. 부엌을 깨끗이 청소한다.
2. 작은 냄비에 물을 끓인 뒤 불에서 내린다.
3. 냄비에 장미 꽃잎, 캐모마일, 쑥, 레몬그라스를 차례로 넣는다.
4. 손에 시트린을 쥐고 이렇게 말한다.

   "이 허브들로 나는 보이지 않는 것을
   증폭시켜 밝혀낸다.
   나는 시트린을 통해 드러난 환영을
   또렷하게 만든다."
5. 물약을 천천히 저으면서 증폭된 환영의 에너지가 시트린 주변을 에워싸는 모습을 상상한다. 물약이 우러나도록 10분간 기다린다.
6. 시트린을 계속 손에 쥔 채, 물약 속 건더기를 걸러내고 컵에 담아 마신다.

사랑을 유지해주는 부적

연인 관계를 유지하거나 사랑하는 사람을 매혹할 때 바인드룬의 도움을 받을 수 있다(룬에 관해서는 41쪽 참고). 바인드룬은 두 개 이상의 룬 문자를 조합하여 하나의 형태로 만든 것이다. 이 주문을 걸기 위해서는 마음에 드는 납작한 스톤을 찾아야 한다. 여기에 바인드룬을 새겨야 하기 때문이다.

주문을 걸 때:
금요일 또는 초승달이 떴을 때

주문에 소요되는 시간:
15분

주문을 걸 장소:
제단

필요한 재료와 도구:
룬 문자와 그 의미 목록, 종이, 빨간 네임펜, 글씨를 쓸 수 있을 정도로 납작한 스톤 또는 돌멩이

1. 제단을 깨끗이 청소한다.
2. 종이에 두 개의 룬 문자를 그려보며 바인드룬 만드는 연습을 해본다. 사랑의 의도에 적합한 룬을 두 개 고른다. 관계와 행복을 원한다면 게보Gebo와 운조Wounjo가 적합하다. 게보는 선물과 파트너십, 운조는 즐거움과 기쁨의 룬이기 때문이다.
3. 스톤을 정화한다.
4. 한 손에 스톤을 쥐고 당신이 의도하는 에너지가 이 스톤에 흘러 들어가는 모습을 상상한다.
5. 네임펜으로 스톤 위에 바인드룬을 쓴다.
6. 행운의 부적처럼 늘 가지고 다닌다.

연인을 매혹하는 향주머니

주문을 건 향주머니는 가방이나 호주머니에 넣고 다닐 수도 있고, 베개 밑에 두어 미래의 연인과 관련된 꿈을 꾸게 할 수도 있다. 어쨌든 효과를 보려면 늘 가까이에 두어야 한다.

주문을 걸 때:
금요일 또는 초승달이 떴을 때

주문에 소요되는 시간:
15분

주문을 걸 장소:
제단 또는 부엌

필요한 재료와 도구:
라이터 또는 성냥, 빨간색 혹은 분홍색 보티브 양초, 빨간색 혹은 분홍색 천(가로, 세로 각 20센티미터), 말린 딸기 2티스푼, 말린 별꽃 chickweed 2티스푼, 말린 장미 꽃잎 2티스푼, 말린 라벤더 2티스푼, 시나몬 스틱 2개, 분홍색 토파즈 또는 루비, 하트 모양 오브제 또는 사랑의 마법 인장(59쪽), 빨간색 또는 분홍색 끈

1. 제단 또는 부엌을 깨끗이 청소한다.
2. 보티브 양초에 불을 붙이고 당신의 의도를 상상한다.
3. 천을 펼쳐놓고 그 위에 재료들을 하나씩 놓으며 이렇게 말한다.

    "달콤한 사랑을 뜻하는 딸기,
    관계를 뜻하는 별꽃,
    로맨스를 뜻하는 장미 꽃잎,
    끌림을 뜻하는 라벤더,
    행복을 뜻하는 시나몬,
    매력을 뜻하는 크리스털,
    내 마음을 뜻하는 사랑의 마스코트."

4. 천 모서리를 한데 모아 끈으로 묶어서 향주머니를 봉해준다. 재료들이 내뿜는 에너지를 상상한다.

유혹의 장미 미스트

주문을 건 미스트로 연인을 사로잡아 보자. 미스트는 피부에 직접 뿌릴 수도 있고, 공기 중에 뿌려서 상대를 당신에게로 끌어들이고자 하는 유혹의 에너지를 발산시킬 수도 있다. 다른 사랑의 주문을 걸 때 제단 주변에 뿌리면 당신의 의도를 증폭시켜주기도 한다.

주문을 걸 때:
월요일, 금요일, 상현달이 떴을 때

주문에 소요되는 시간:
20분

주문을 걸 장소:
부엌

필요한 재료와 도구:
실온의 증류수 또는 끓인 후 식힌 수돗물 ½컵, 30밀리리터 용량의 황색 유리 스프레이 병, 장미 에센셜 오일 6방울

1. 제단 또는 부엌을 깨끗이 청소한다.
2. 스프레이 병에 증류수를 붓고 장미 에센셜 오일을 추가한 후 흔들어서 섞어준다.
3. 병을 흔들면서, 사랑하는 상대를 매혹시키려는 당신의 의도를 내용물에 주입한다. 병을 두 손으로 쥐고 당신의 에너지가 병을 둘러싼 뒤 내용물의 일부가 되는 모습을 상상한다.
4. 사용하기 전에는 물과 오일이 잘 섞일 수 있도록 흔들어준다. 두세 시간마다 뿌려준다.

욕망의 향

욕망의 향은 열정, 욕정, 강력한 감정을 불러일으키는 데 완벽한 주문이다. 침실에서 단독으로 사용할 수도 있고 60쪽의 '사랑을 회복시키는 주문' 등과 같은 사랑의 주문을 걸 때 효과를 증진시키는 역할도 할 수 있다. 혼합물은 원반 모양 숯 위에서 태워야 한다.

주문을 걸 때:
금요일 또는 상현달, 보름달이 떴을 때

주문에 소요되는 시간:
20분

주문을 걸 장소:
제단 또는 부엌

필요한 재료와 도구:
절구와 절굿공이, 말린 재스민 1테이블스푼, 말린 레몬밤 1테이블스푼, 말린 장미 꽃잎 1테이블스푼, 말린 다미아나 1테이블스푼, 말린 카르다몸 1테이블스푼, 원반 모양 숯, 내화성 접시, 라이터 또는 성냥, 작은 유리병

1. 제단 또는 부엌을 깨끗이 청소한다.
2. 절구와 절굿공이를 이용해 재스민, 레몬밤, 장미 꽃잎, 다미아나, 카르다몸을 가볍게 빻아준다. 거친 입자가 남아 있는 상태로 빻으면 된다.
3. 허브를 갈면서 당신의 의도에 집중하여 당신의 에너지가 허브와 잘 섞이도록 한다. 분쇄기를 사용하는 것보다 절구와 절굿공이를 사용하는 것이 당신의 에너지를 불어넣는 데 좀 더 도움이 된다.
4. 내화성 접시에 원반 모양 숯을 올려놓고 그 위에 허브 가루를 얹은 다음 불을 붙인다.
5. 남은 허브는 유리병에 보관했다가 다음에 사용한다.

연인을 위한 마법주

연인을 위한 마법주는 와인에 향신료를 첨가한 음료다. 허브, 친숙한 환경, 요리와 마법의 접목을 이용하여 당신과 연인을 더 가깝게 만들어 준다. 이 음료는 열정, 믿음, 사랑을 불러일으켜 확인시켜주며 쑥스러움을 사라지게 해 준다.

주문을 걸 때:
금요일, 밸런타인데이, 보름달이 떴을 때

주문에 소요되는 시간:
30분

주문을 걸 장소:
부엌

필요한 재료와 도구:
레드와인 1병, 브랜디 1컵, 중간 크기 냄비, 슬라이스 오렌지 1개, 시나몬 스틱 3개, 넛멕 1꼬집, 팔각 작게 1줌, 정향 6개

1. 부엌을 깨끗이 청소한다.
2. 와인과 브랜디를 중간 크기 냄비에 붓고 약한 불에서 10분 정도 데운다. 알코올 성분을 날려버리고 싶으면 10분 정도 팔팔 끓여준다.
3. 와인과 브랜디가 데워졌으면, 이렇게 말하며 축복한다.
   "한 모금 마실 때마다 열정, 믿음, 사랑이 살아나기를."
4. 오렌지, 시나몬 스틱, 넛멕, 팔각, 정향 그리고 원하는 감미료를 첨가한다. 15분 정도 뭉근하게 끓인다.
5. 냄비를 불에서 내린 뒤 식히고, 파트너와 함께 마신다.

관계의 균형을 위한 주문

이 주문은 실을 엮고 짜는 마법을 이용하여 균형, 조화, 사랑을 불러일으키고 그것들을 하나로 '땋아준다.'

주문을 걸 때:
월요일, 금요일, 초승달이나 하현달이 떴을 때

주문에 소요되는 시간:
30분

주문을 걸 장소:
제단

필요한 재료와 도구:
클리어쿼츠 크리스털 3개, 회색 혹은 흰색 티라이트 양초 3개, 30센티미터 길이의 끈이나 실(서로 다른 색으로 3개), 빨간색이나 핑크색 혹은 당신이나 파트너가 좋아하는 색의 비즈

1. 제단을 깨끗이 청소한다.
2. 제단 위에 크리스털을 내려놓고 티라이트 양초를 삼각형 대형으로 놓는다.
3. 양초에 불을 붙이고 당신의 의도에 집중한다.
4. 크리스털을 들어서 두 손에 쥔다. 당신과 크리스털이 내뿜는 에너지가 눈에 보일 때까지 그 모습을 상상한다.
5. 끈 3개의 끝을 오버핸드 매듭으로 묶어준다.
6. 끈을 땋는다. 머릿속으로는 관계가 조화를 이루는 모습을 생각한다.
7. 2~3센티미터마다 사랑, 균형, 조화를 함께 묶는다는 생각으로 끈에 비즈를 엮는다. 그러면서 이렇게 말한다.
   "조화의 끈, 뒤얽혀라, 균형의 비즈, 함께 엮여라, 사랑으로 땋은 끈, 꽉 묶어 이어져라."
8. 매듭 지은 후 팔찌로 사용하거나 공용 공간에 걸어둔다.

뜨거운 사랑을 위한 양초

더 강력한 사랑과 끌림의 주문을 원하는가? 이 주문으로 7일 동안 매일 15분씩 투자해 사랑을 향한 당신의 의도에 집중해 보자. 날이 갈수록 에너지가 점점 증폭되어 더욱 강력한 사랑의 주문을 만들어낼 것이다.

주문을 걸 때:
하현달, 초승달이 떴을 때

주문에 소요되는 시간:
7일 동안 매일 15분씩

주문을 걸 장소:
제단

필요한 재료와 도구:
빨간색 또는 하얀색 기둥형 양초, 조각용 마법 단검 또는 칼(선택), 사랑을 유지해주는 부적(66쪽, 선택), 올리브 오일 또는 해바라기 오일 같은 캐리어 오일 2테이블스푼, 제라늄 에센셜 오일 2방울, 클라리세이지 에센셜 오일 2방울, 스위트오렌지 에센셜 오일 2방울, 오일 혼합물을 보관할 작은 황색 병, 접시, 절구와 절굿공이(분말 허브를 사용하지 않는 경우), 말린 레몬밤 또는 레몬버베나 1테이블스푼, 라이터 또는 성냥

1. 제단을 깨끗이 청소한다.
2. 양초를 정화한다. 주문의 효과를 높이기 위하여 '사랑을 유지해주는 부적' 또는 파트너 이름의 이니셜을 마법 단검이나 칼로 조각한다.
3. 병에 캐리어 오일, 제라늄, 클라리세이지, 스위트오렌지 에센셜 오일을 섞는다. 오일을 섞는 동안 주문을 위한 에너지를 북돋는 데 집중한다.
4. 접시에 양초를 놓고 오일 혼합물을 발라준다. 두 손으로 양초 꼭대기부터

바닥까지 오일 혼합물을 문질러 바른다. 당신의 에너지를 이용하여 당신의 삶에 사랑을 불러들인다고 생각한다.

5. 필요하다면 절구와 절굿공이를 사용해 말린 레몬밤과 레몬버베나를 빻는다. 그 가루를 양초 전체에 뿌려준다. 원한다면 가루 일부를 보관해 두었다가 주문을 걸 때마다 가루를 뿌려도 좋다.

6. 양초에 불을 붙이고 눈을 감은 뒤, 당신의 의도에 집중하며 15분간 명상한다. 명상을 하면서 이렇게 말한다.

"헌신의 밀랍이여, 너의 힘을 전해다오.

열정의 불이여, 너의 능력을 이용해다오.

감정의 허브여, 너의 잠재력을 빌려다오.

매력의 연기여, 너의 에너지를 허락해다오."

7. 7일 동안 매일 반복한다.

원치 않는 애정을 막는 부적

원치 않는 관심을 받아본 적 있는가? 더 이상 눈에 띄고 싶지 않은 당신의 추종자가 있는가? 이 주문은 보호 마법과 투명 마법을 결합하여 당신의 에너지를 감추고 타인의 달갑지 않은 관심을 피하게 해 준다. 원치 않는 청혼을 피하고 싶다면 항상 이 크리스털 부적을 가지고 다니자.

주문을 걸 때:
토요일 또는 그믐달이 떴을 때

주문에 소요되는 시간:
20분

주문을 걸 장소:
제단

필요한 재료와 도구:
시솔트 또는 블랙솔트 1컵, 레몬그라스 에센셜 오일 5방울 , 회색 보티브 또는 티라이트 양초, 작은 거울, 라이터 또는 성냥, 블랙페퍼 1티스푼, 스모키쿼츠 크리스털

1. 제단을 깨끗이 청소한다.
2. 보호의 에너지에 집중하면서 소금을 이용해 제단 위에 보호의 상징인 원을 그린다.
3. 양초 위에 레몬그라스 에센셜 오일 5방울을 떨어트린다. 심지에는 오일이 묻지 않게 조심한다.
4. 원치 않는 에너지를 쫓아내기 위하여 거울을 멀찌감치 둔다. 주문을 거는 내내 거울은 멀리 떨어트려 놓는다.
5. 양초에 불을 붙이고 불꽃 위로 블랙페퍼를 뿌리며 이렇게 말한다.
   "타오르는 불꽃이여, 애정으로부터 나를 보호해다오.
   부스러진 블랙페퍼여, 관심으로부터 나를 지켜다오."
6. 손에 스모키쿼츠를 쥐고 이렇게 말한다.

"반짝이는 크리스털이여, 나를 보호하소서."

7. 눈을 감고 당신의 에너지를 스모키쿼츠에 불어넣는다. 크리스털이 뜨겁게 느껴져야 한다.

8. 제단 위의 아이템들을 치우고 양초를 폐기한다. 스모키쿼츠는 이제 충전이 되었으니 가지고 다니면서 원치 않는 관심으로부터 당신을 보호한다.

9. 두세 달에 한 번씩 스모키쿼츠를 재충전한다.

사랑을 증폭시키는 크리스털 그리드

크리스털 그리드crystal grids란 당신의 능력을 증폭시키기 위하여 충전된 크리스털을 기하학적인 패턴 위에 올려놓는 것이다. 원래 클리어쿼츠 크리스털을 이용하는 주문이지만 로즈쿼츠, 분홍색 토르말린, 문스톤, 아벤츄린 등 사랑의 속성을 가지고 있는 크리스털이라면 무엇이나 사용할 수 있다.

주문을 걸 때:
금요일 또는 보름달이 떴을 때

필요한 재료와 도구:
펜과 종이, 클리어쿼츠 크리스털 4~8개, 지팡이 또는 마법 단검

주문에 소요되는 시간:
30분

주문을 걸 장소:
제단 또는 달빛 아래 야외

1. 제단이나 야외 공간을 깨끗이 청소한다.
2. 펜과 종이를 이용하여 마음에 드는 그리드 형태를 그린다. 사랑의 크리스털 그리드인 만큼 당신과 미래의 파트너를 의미하는 상징 두 개를 겹쳐서 그려보자. 아직 크리스털을 그리드에 놓지는 않는다. 그건 4단계에서 할 예정이다.
3. 두 손으로 크리스털을 쥐고 당신의 에너지와 의도가 크리스털과 합쳐지는 모습을 상상한다. "나는 이 크리스털을 충전하여 내 삶에 사랑하는 파트너를 불러들일 것이다"라고 말하며 당신의 선택에 대해 확언을 해준다.
4. 2단계에서 그렸던 그리드에 크리스털을 배치해 준다. 가운데에서부터 시작하여 바깥쪽으로 놓아준다.

5. 지팡이나 마법 단검을 이용하여 그리드를 활성화시킨다. "나는 이 그리드를 연결하여 내 삶에 진정한 관계를 끌어들일 것이다"라고 말하면서 당신의 에너지로 각각의 크리스털을 다 같이 연결시킨다.
6. 편하게 앉아서 눈을 감고, 10분 동안 의도에 집중하며 명상한다.
7. 원하는 기간 동안 그리드를 그대로 유지한다. 2~3일에 한 번씩 각각의 크리스털을 다시 연결시키며 당신의 의도를 큰 소리로 말한다.

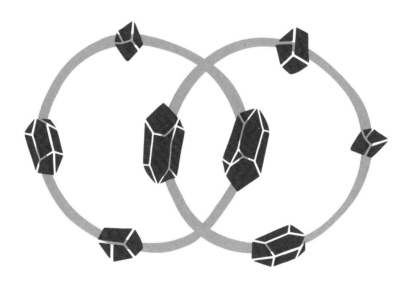

로맨스를 부르는 마법 약병

마법 약병은 특정한 에너지를 끌어들이거나 쫓아내는 데 도움을 줄 수 있는 아주 장기적인 주문이다. 여기서 소개할 마법 약병은 당신의 삶에 더 많은 로맨스를 불러들이기 위한 것이다. 주문에 필요한 크리스털 일부 혹은 전부는 클리어쿼츠로 대체할 수 있다.

주문을 걸 때:
금요일 또는 초승달이 떴을 때

주문에 소요되는 시간:
30분, 추가로 양초가 타는 3~4시간

주문을 걸 장소:
제단

필요한 재료와 도구:
펜과 종이, 작은 크기 또는 중간 크기의 뚜껑이 있는 유리병, 말린 장미 꽃잎 1테이블스푼, 말린 오렌지 필 1테이블스푼, 말린 바질 1테이블스푼, 에메랄드 1개, 가넷 1개, 로즈쿼츠 크리스털 1개, 관심 있는 사람의 사진(선택), 라이터 또는 성냥, 10센티미터 길이의 빨간색 또는 분홍색 차임 양초 또는 미니 테이퍼 양초

1. 제단을 깨끗이 청소한다.
2. 5~10분 동안 당신이 원하는 이상적인 파트너에 대한 묘사 또는 당신에게 보내는 러브레터를 쓴다.
3. 유리병 안에 쪽지를 집어넣고 당신의 삶에 로맨스를 불러들이고자 하는 의도에 집중한다.
4. 장미 꽃잎, 오렌지 필, 바질을 넣는다. 에메랄드, 가넷, 로즈쿼츠도 넣고 원한다면 관심 있는 사람의 사진도 추가한다. 뚜껑을 닫는다.
5. 양초에 불을 붙이고 초를 수평으로 들어 병뚜껑 위로 촛농을 떨어트린다. 뚜껑 위에 양초를 세울 수 있을 정도로 촛농을 충분히 떨어트린다. 불이 붙어 있는 상태의 양초를 병뚜껑에 붙이고 안정적으로 고정시킨다. 양초

주변의 촛농을 말려서 다른 도움 없이도 초가 설 수 있게 한다.

6. 초가 타는 동안 불꽃을 보며 스크라잉(51쪽 참고)에 집중한다. 더불어 당신의 의도에 관하여 명상한다. 불꽃에 어떤 형태, 메시지, 이미지가 나타날 수 있다.

7. 초가 다 타기를 기다리며 당신의 의도를 마법 약병 안에 봉인한다.

사랑을 위한 주술 인형

주술 인형을 이용하면 재미있게 창의적인 주문을 할 수 있다. 이 주문을 위해서는 당신과 이상적인 파트너를 상징하는 인형 두 개가 필요하다. 인형은 늘 제단 위에 두거나 리본으로 한데 묶어서 상자 안에 보관한다.

주문을 걸 때:
금요일 또는 초승달이 떴을 때

주문에 소요되는 시간:
30분

주문을 걸 장소:
제단

필요한 재료와 도구:
빨간색 또는 당신을 상징하는 색의 정사각형 천 4장(인형 하나당 2장 필요), 바늘, 빨간 실, 충전용 폴리에스터 솜 또는 코튼볼, 연필, 가위, 말린 히비스커스 1티스푼, 말린 장미 꽃잎 1티스푼, 말린 재스민 1티스푼, 말린 버드나무 껍질 1티스푼

1. 제단을 깨끗이 청소한다.
2. 천, 바늘, 실, 충전용 솜을 정화한다.
3. 천 2장에다 첫 번째 인형의 앞면과 뒷면 외곽선을 각각 그린다. 가위로 모양에 맞게 잘라낸다.
4. 잘라낸 천을 안감이 밖으로 나오게 맞댄다. 외곽선을 따라 바느질을 하여 인형을 만든다. 몇 센티미터를 남겨두고 인형을 뒤집어 바늘땀을 숨긴다.

5. 3단계와 4단계를 반복하여 당신의 파트너를 상징하는 두 번째 인형을 만든다. 원한다면 남자, 여자 인형에 따라 크기 차이를 둘 수 있다.

6. 인형 안에 솜, 히비스커스, 장미 꽃잎, 재스민, 버드나무 껍질을 채워 넣는다. 각 재료를 넣을 때마다 재료에 에너지를 충전시킨다.

7. 솜을 채워 넣었던 구멍을 바느질로 막으며 당신의 의도를 그 안에 봉인한다.

사랑을 위한 스크라잉

사랑을 위한 스크라잉은 당신의 무의식에 접근할 수 있게 도와주고, 잠재적 파트너의 이미지, 관계 또는 중요한 메시지를 볼 수 있게 해준다. 보라색 양초는 당신의 영적 능력과 점사 능력을 향상시켜주며 빨간 양초는 사랑의 표현을 도와준다.

주문을 걸 때:
그믐달, 초승달이 떴을 때

주문에 소요되는 시간:
20분

주문을 걸 장소:
제단

필요한 재료와 도구:
라이터 또는 성냥, 보라색 양초, 빨간색 양초, 어두운 색 그릇, 달의 에너지를 흡수시킨 물(50쪽 참고), 펜과 종이, 지팡이 또는 마법 단검

1. 제단을 깨끗이 청소한다.
2. 보라색 양초와 빨간색 양초에 불을 붙이고 사랑을 위한 스크라잉에 당신의 의도를 집중시킨다.
3. 참을성 있게 집중한 상태에 이르도록 기다린다.
4. 눈을 뜨고 충전된 물그릇을 응시하며, 어떤 메시지나 이미지가 당신의 마음을 채우는지 지켜본다. 응시하는 동안 계속해서 의도를 유지한다.
5. 색과 형태를 찾아보거나 메시지에 귀를 기울인다. 펜과 종이로 보이는 걸 기록한다.
6. 지팡이나 마법 단검으로 물을 건드려 잔물결을 일으키면 어떤 형태가 만들어지기도 한다. 이때 만들어진 모양이 우리 눈을 자극하여 이미지나 환영을 볼 수 있게 도움을 줄 수 있다.

7. 시간을 가지고 찬찬히 이미지를 바라본다. 응시하는 연습을 더 많이 할수록 실제로도 더 잘 보게 된다.

질투를 없애는 거울 주문

질투심은 자신에게 파괴적인 감정이 될 수 있다. 단기간이라도 질투심을 없애도록 도와줄 수 있는 완벽한 도구가 바로 거울이다. 이 주문은 거울과 주술 인형을 이용하여 당신에게 찾아온 부정적인 감정을 막아준다.

주문을 걸 때:
그믐달이 떴을 때

주문에 소요되는 시간:
30분

주문을 걸 장소:
제단

필요한 재료와 도구:
자신을 상징하는 색깔의 정사각형 천 2장, 바늘, 자신을 상징하는 색의 실, 거울, 작은 크기의 본인 사진, 주술 인형과 거울을 담을 작은 상자, 펜, 가위, 충전용 폴리에스터 솜 또는 코튼볼, 시솔트 또는 블랙솔트 1티스푼, 블랙페퍼 1티스푼, 월계수 잎 1장, 말린 생강 1티스푼

1. 제단을 깨끗이 청소한다.
2. 천, 바늘, 실, 거울, 사진, 상자를 정화한다.
3. 천 2장에다 인형의 앞면과 뒷면 외곽선을 각각 그린다. 가위로 모양에 맞게 잘라낸다.
4. 잘라낸 천을 안감이 밖으로 나오게 맞댄다. 외곽선을 따라 바느질을 하여 인형을 만든다. 몇 센티미터를 남겨두고 인형을 뒤집어 바늘땀을 숨긴다.
5. 충전용 솜으로 인형 속을 채우고 소금, 블랙페퍼, 월계수 잎, 생강, 사진도 넣는다.
6. 입구를 바느질로 막는다. 완성된 주술 인형에 당신의 의도를 가득 채운다.
7. 인형과 거울을 상자에 담고 이렇게 말한다.
   "이 거울이 원치 않는 질투의 감정을

막아내고 굴절시킬 것이다.

이 인형이 원치 않는 해로운 감정을

대신 흡수하고 끌어들일 것이다."

8. 인형과 거울은 계속 상자 안에 숨겨두는 대신, 상자는 늘 가까이에 둔다.

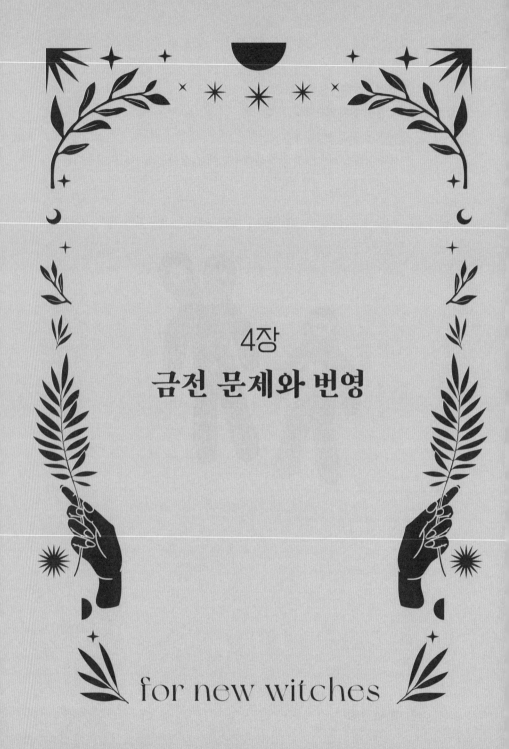

4장
금전 문제와 번영

for new witches

돈과 번영에 관련된 주문은 오늘날 가장 인기 있는 주문이다. 여기에 소개된 주문이 하룻밤 사이에 당신을 부자로 만들어주지는 못하겠지만, 돈에 대한 사고방식을 바꾸고 재정 문제와 관련된 장애물을 극복하고 당신의 삶에 부와 번영을 불러들일 수 있게 도와줄 것이다.

돈 가루

이 가루는 종류와 관계없이 재정 상황을 개선하는 데 아주 효과가 있다. 집에서, 직장에서, 이 가루를 주변에 뿌리면 더 많은 돈을 당신에게 끌어들일 수 있다. 내열 접시와 원반 모양 숯 위에서 이 가루를 태우면 돈과 번영에 관련된 다른 주문을 걸 때 그 효과를 높여줄 수도 있다.

주문을 걸 때:
목요일 또는 상현달이 떴을 때

주문에 소요되는 시간:
15분

주문을 걸 장소:
제단 또는 부엌

필요한 재료와 도구:
절구와 절굿공이 또는 분쇄기, 말린 캐모마일 1테이블스푼, 시나몬 1테이블스푼, 말린 정향 1테이블스푼, 말린 파슬리 1테이블스푼, 깔때기, 뚜껑이 있는 유리병

1. 제단 또는 부엌 공간을 깨끗이 청소한다.
2. 당신의 삶에 돈을 불러오겠다는 특정한 의도를 품은 채로, 절구와 절굿공이를 이용해 캐모마일, 시나몬, 정향, 파슬리를 빻는다.
3. 혼합물을 가루 상태로 갈고 나면 다음의 말을 4회 반복한다.
   "점점 늘어나는 부, 더 생겨나는 돈!"
4. 깔때기를 이용해 허브 가루를 유리병에 담는다.
5. 가루가 충전되었으니 이제 사용하면 된다.

재물을 부르는 마법 인장

맞춤형 마법 인장을 만들면 부와 재물을 끌어당길 때 도움이 된다. 이 단순한 주문을 시작하기 위해서는 상상력, 의도, 그리고 펜과 종이만 있으면 된다. 특히 초록색 펜을 사용하면 주문의 효과를 높일 수 있다.

주문을 걸 때:
일요일, 목요일, 또는 상현달이나 초승달이 떴을 때

필요한 재료와 도구:
초록색 펜, 종이 2장

주문에 소요되는 시간:
10분

주문을 걸 장소:
제단

1. 제단을 깨끗이 청소한다.
2. 첫 번째 종이에 초록색 펜으로 '나에게 재물을'이라고 쓴다. 당신의 의도에 집중한다.
3. 글자들을 직선, 곡선, 점 등 기본 획으로 해체한다. 아까 쓴 글자 밑에 이 획들을 나열한다.
4. 같은 종이에다 이 획들을 조합하여 원하는 모양의 외곽선을 그린다. 사각형, 하트 모양, 십자, 삼각형 등 어떤 모양이라도 상관없다. 나머지 남는 원이나, 곡선, 점은 외곽선 주위에 적절히 배치한다. 이것이 바로 재물을 부르는 마법 인장이 된다.
5. 새 종이에 당신의 의도를 가득 담으며 마법 인장을 다시 그린다. 늘 지니고 다닌다.

돈이 늘어나는 오일

돈이 많아졌으면 좋겠는가? 이 오일 혼합물을 피부에 문질러 바르면 집중력 유지에 도움이 되고 결과적으로 재정 상황을 개선할 수 있다. 민감한 피부라면 먼저 소량으로 테스트를 해 보는 게 좋다. 이 오일을 양초나 도구에 발라 다른 돈 관련 주문에 효과를 높일 수도 있다.

주문을 걸 때:
목요일 또는 상현달이 뜰 때

주문에 소요되는 시간:
15분

주문을 걸 장소:
제단

필요한 재료와 도구:
작은 크기의 황색 롤러 달린 병 또는 스포이트 병, 아몬드 오일 또는 호호바 오일 같은 캐리어 오일 2테이블스푼, 생강 에센셜 오일 2방울, 샌달우드 에센셜 오일 2방울, 베르가모트 에센셜 오일 1방울, 파촐리 에센셜 오일 1방울, 월계수 잎 1장, 시나몬 칩 1테이블스푼

1. 제단을 깨끗이 청소한다.
2. 황색 롤러 달린 병에 캐리어 오일을 붓는다.
3. 생강, 샌달우드, 베르가모트, 파촐리 에센셜 오일을 하나씩 차례대로 넣는다. 각 재료를 추가할 때마다 "돈이여! 늘어나라! 쌓여라!"라고 말한다.
4. 월계수 잎과 시나몬 칩을 추가한다.
5. 두 손에 병을 쥐고 당신의 에너지가 병 주변을 에워싸는 모습을 상상한다. 당신의 의도를 병에 가득 충전한다.
6. 사용하기 전에 재료가 잘 섞이도록 병을 조심스레 흔들어준다. 피부, 부적, 다른 물건 등에 오일을 발라준다.

재물이 늘어나는 주문

이 주문에는 90쪽 '돈이 늘어나는 오일'과 민트 모종을 사용한다. 민트 모종은 허브를 파는 꽃집에서 쉽게 살 수 있으며, 돈을 끌어들이는 주문에 자주 활용되고 쓰임새가 무척 다양하다.

주문을 걸 때:
초승달이 떴을 때

필요한 재료와 도구:
민트 모종, 4원소를 상징하는 4개의 아이템(예를 들어 물, 흙, 양초, 대빗자루), 동전 또는 돈 모양의 오브제, 돈이 늘어나는 오일(90쪽)

주문에 소요되는 시간:
15분

주문을 걸 장소:
제단 또는 부엌

1. 제단 또는 부엌 공간을 깨끗이 청소한다.
2. 제단 위에 민트 모종을 놓고 시간을 들여 축성한다. 민트 모종을 축성하기 위해서는 준비한 원소에 민트를 통과시키거나, 원소에 민트 축성을 도와달라고 요청해야 한다. 두 방법 모두 정화, 충전, 축복을 바라는 당신의 욕망을 활용한다. 당신이 원하는 목표에 대해 직접 말을 내뱉어도 되고 마음속으로 조용히 생각해도 된다.
3. 축성이 끝나면 동전이나 돈 모양의 오브제에 '돈이 늘어나는 오일'을 발라 에너지를 충전한다. 충전한 동전이나 오브제는 민트 모종 바닥 근처에 둔다.
4. 눈을 감고, 민트 모종이 자라면서 돈을 끌어들일 것이라고 생각하며 명상한다.
5. 민트 잎을 따서 행운의 마스코트처럼 지니고 다닌다. 혹은 다른 돈 관련 주문에 사용할 수도 있다.

돈이 쌓이는 매듭 주문

당신이 만드는 각각의 매듭에 돈을 끌어들이고 싶다는 의도를 담아서 꽁꽁 묶어주는 주문이다. 이 주문에는 바질, 월계수 잎, 캐모마일, 시나몬, 정향, 딜, 생강을 포함해 돈과 관련된 허브라면 어떤 조합도 활용할 수 있다.

주문을 걸 때:
목요일 또는 보름달, 상현달이 떴을 때

주문에 소요되는 시간:
30분

주문을 걸 장소:
제단

필요한 재료와 도구:
라이터 또는 성냥, 돈 가루(88쪽 참고) 또는 돈과 관련된 허브 가루는 무엇이든, 원반 모양 숯, 내열 접시, 초록색 티라이트 양초 3개, 30센티미터 길이의 초록색, 금색, 흰색 끈 하나씩

1. 제단을 깨끗이 청소한다.
2. 내열 접시에 원반 모양 숯을 놓고 그 위에 돈 가루를 뿌린다. 티라이트를 삼각형 대형으로 놓는다.
3. 티라이트에 불을 붙이고 점점 더 많은 돈이 생겨나기를 바라는 당신의 의도에 집중한다.
4. 끈으로 다섯 개의 매듭을 짓는다. 매듭을 지을 때마다 이렇게 말한다.
   "첫 번째 매듭으로, 이 주문은 시작되었다.
   두 번째 매듭으로, 이 주문은 실현될 것이다.
   세 번째 매듭으로, 이 주문은 내 애원을 듣는다.
   네 번째 매듭으로, 이 주문은 점점 자라난다.
   다섯 번째 매듭으로, 이 주문은 살아 있다."
5. 티라이트를 켜둔 채로, 당신이 원하는 바를 상상하며 15분간 명상한다.

번영의 부적

번영과 부의 의도를 장신구에 충전하는 주문이다. 이 버전은 목걸이를 사용하지만 원하는 다른 장신구로 변경할 수 있다. 주문의 효과를 증폭시키기 위해 목걸이는 크리스털이나 나무로 만든 것을 사용한다. 그리고 다른 사람들 눈에 띄지 않도록 옷 안에 숨겨서 착용한다.

주문을 걸 때:
일요일 또는 초승달이 떴을 때

주문에 소요되는 시간:
15분

주문을 걸 장소:
제단

필요한 재료와 도구:
목걸이, 말린 민트 1꼬집, 흰색 또는 초록색 보티브 또는 기둥형 양초, 라이터 또는 성냥

1. 제단을 깨끗이 청소한다.
2. 목걸이를 정화한다.
3. 양초 위에 말린 민트를 뿌린다.
4. 양초에 불을 붙이고 돈을 시각화하는 데 집중한다.
5. 양초 연기에 목걸이를 통과시키며 이렇게 말한다.

    "내가 번영을 충전한 이 목걸이,
    비밀리에 숨겨서 걸고 있으면
    내게 재물과 부를 끌어 올 것이다.
    내게 진심으로 도움이 될 것이다."
6. 목걸이에 당신의 능력이 스며들도록 충전한다.
7. 두세 달마다 주문을 반복한다. 이때 같은 양초를 사용해도 괜찮다.

고난이 사라지게 하는 주문

이 주문을 통해 당신이 빠져나가고자 하는 상황을 떨쳐낼 수 있다. 없애버리고 싶은 고난의 상황을 종이에 적은 뒤 불로 태워버리는 주문이다. 실외에 있는 화로를 이용해도 되고 실내에서 내화성 그릇을 사용해도 된다.

주문을 걸 때:
하현달이 떴을 때

주문에 소요되는 시간:
20분

주문을 걸 장소:
제단 또는 야외 화로

필요한 재료와 도구:
펜과 종이, 라이터 또는 성냥, 실내 제단에서 한다면 내화성 그릇, 실외에서 한다면 화로

1. 제단 또는 야외 화로 공간을 깨끗이 청소한다.
2. 고난을 사라지게 하려는 의도에 집중하며 10분간 명상한다.
3. 펜과 종이에 사라지게 하고 싶은 내용을 적는다. 가능한 한 구체적으로 쓴다.
4. 종이에 불을 붙인 뒤 내화성 그릇에 내려놓는다. 야외에서 주문을 건다면, 화로 안에 종이를 던져 넣는다.
5. 종이가 타는 걸 바라보며 당신의 고난도 함께 타버리는 모습을 상상한다.
6. 재를 땅에 뿌린다. 떨쳐낸 고난에 작별 인사를 하고 앞으로 나아가는 데 집중한다.

수입을 늘리는 문워터

보름달은 강력한 에너지의 원천이기에 이 주문에 사용할 문워터도 매우 강력하게 만들어 준다. 시트린을 이용하면 에너지를 더욱 북돋아 더 강력한 결과를 얻어낼 수 있다.

주문을 걸 때:
보름달이 떴을 때

필요한 재료와 도구:
동전 3개, 작은 그릇, 시트린 크리스털 4개, 깔때기, 작은 유리병

주문에 소요되는 시간:
15분

주문을 걸 장소:
야외, 이왕이면 달빛을 받을 수 있는 곳

1. 야외 제단 공간을 깨끗이 청소한다.
2. 원치 않는 오래된 에너지를 제거하기 위해 동전을 정화한다.
3. 그릇에 물을 붓는다. 시트린을 그릇 주변에 다이아몬드 대형으로 놓는다.
4. 정화한 동전을 물그릇에 넣고 이렇게 말한다.

   "빛나는 달이여, 충전하고 스며들어라.

   반짝이는 동전이여, 뮤즈가 되어라.

   환한 물이여, 이제 배어들어라."

5. 시트린과 물이 가득 충전되게 둔다. 그런 다음 깔때기를 이용해 물을 유리병에 옮겨 담는다.
6. 시트린과 문워터는 이제 사용될 준비가 끝났다. 시트린은 93쪽 '번영의 부적'에 사용할 수도 있고 행운의 마스코트처럼 지니고 다녀도 된다. 보름달의 에너지가 충전된 물은 식물, 제물, 목욕과 관련된 주문을 할 때 축성용으로 사용할 수도 있다.

추가 수입을 불러오는 쌀

살아가다 보면 누구나 평소보다 부가 필요할 때가 있다. 여분의 부를 실체화하고자 하는 이 주문은 쌀을 이용한다. 쌀 자체의 속성이 돈 그리고 번영과 관련 있기 때문이다. 민간 마법에 뿌리를 두고 있는 주문이다.

주문을 걸 때:
초승달, 상현달이 떴을 때

주문에 소요되는 시간:
15분, 추가로 건조에 소요되는 12시간

주문을 걸 장소:
부엌

필요한 재료와 도구:
익히지 않은 재스민 라이스 1컵, 중간 크기의 그릇 2개, 수입을 늘리는 문워터(95쪽 참고) 1테이블스푼, 초록색 식용 색소 1티스푼, 키친타월, 잘게 찢은 지폐 ¼컵, 시나몬 1테이블스푼, 뚜껑이 있는 큰 유리병

1. 부엌을 깨끗이 청소한다.
2. 쌀을 정화한다.
3. 중간크기 그릇에 쌀, 수입을 늘리는 문워터, 초록색 식용 색소를 넣고 섞으며 당신의 의도에 집중한다.
4. 혼합물을 키친타월 위에 붓는다. 12시간 동안 말린다.
5. 다른 중간 크기 그릇에 말린 초록색 쌀, 잘게 찢은 지폐, 시나몬을 넣고 섞는다. 큰 유리병에 이 혼합물을 붓고 뚜껑을 닫는다.
6. 주변에 쌀을 뿌리거나 부적처럼 지니고 다닌다.

부를 부르는 차

재정적으로 스트레스가 많은 시간을 보낼 때, 차 한 잔을 내려 마시는 의식을 치르면 도움이 된다. 이 마법의 차를 통해 당신 자신을 호화로운 곳으로 보내줄 수 있다. 이 효과 빠른 주문은 당신이 호화로움을 실현하고 싶을 때 언제든지 사용할 수 있다. 필요한 건 약간의 민트 그리고 평범한 부엌 아이템뿐이다.

주문을 걸 때:
일요일 또는 초승달이 떴을 때

주문에 소요되는 시간:
15분

주문을 걸 장소:
부엌

필요한 재료와 도구:
작은 냄비, 물 1컵, 말린 민트 1테이블스푼 또는 신선한 민트 2테이블스푼, 면포 또는 체, 컵

1. 부엌을 깨끗이 청소한다.
2. 작은 냄비에 물을 끓이며 의도를 설정한다.
3. 냄비를 불에서 내린다.
4. 신선한 민트를 사용할 경우 민트 잎을 손에 얹고 두드려 향이 살아나게 한다. 냄비에 민트를 넣는다. 차를 우리는 10분 동안 당신의 의도에 집중하며 명상한다.
5. 찻잎을 걸러 차를 컵에 담는다. 손을 시계 방향으로 움직이며 이렇게 말한다.
   "내가 필요로 하는 것을 손에 넣기 위하여 이 차를 끓였다.
   내가 욕망하는 것을 얻어 내기 위하여 이 컵을 채웠다."
6. 차와 함께 차오르는 에너지를 느낀다. 즐겁게 마신다.

돈 걱정을 없애는 목욕 의식

건강한 재정 상태는 올바른 마음가짐에서부터 시작된다. 이 목욕 의식은 돈에 관한 걱정과 두려움을 씻어내 건강한 에너지가 자리 잡을 수 있도록 도와준다. 다른 돈 관련 주문을 하기 전에 이 의식을 치러 당신의 의도와 에너지를 재설정하자.

주문을 걸 때:
일요일, 목요일 또는 초승달이 떴을 때

주문에 소요되는 시간:
45분

주문을 걸 장소:
욕실

필요한 재료와 도구:
우유 2컵, 꿀 ½컵, 큰 그릇, 라이터 또는 성냥, 흰색 기둥형 양초

1. 욕실을 깨끗이 청소한다.
2. 욕조에 미온수 또는 온수를 채운다.
3. 물을 채우는 동안 큰 그릇에 우유와 꿀을 넣고 섞는다. 재정 상태를 회복하고자 하는 의도에 집중한다.
4. 양초에 불을 붙이고 근처 안전한 곳에 둔다.
5. 욕조에 우유와 꿀 혼합물을 넣는다.
6. 30분 동안 물에 몸을 담근다. 돈에 대한 마음가짐을 재설정하는 데 집중한다. 두려움과 걱정을 떨쳐버린다.
7. 30분 후 목욕물을 빼고 촛불을 끈다.
8. 원할 때마다 이 의식을 반복한다.

부를 부르는 마법의 사과

사과는 부동산, 자산, 자원, 소유물, 번영의 형태로 삶에 부를 불러올 수 있다. 이 주문은 마법이 작동하는 데 대략 3주가 걸린다. 끝난 후에는 강력한 마법의 부적으로 사용할 수 있다.

주문을 걸 때:
초승달이 떴을 때

주문에 소요되는 시간:
첫날엔 20분, 이후 3주 동안 매일 5분씩

주문을 걸 장소:
제단

필요한 재료와 도구:
라이터 또는 성냥, 초록색 양초, 나무 또는 금속 꼬챙이, 초록 사과, 통정향 20개, 시나몬 1티스푼, 넛멕 1티스푼, 생강 1티스푼, 올스파이스 1티스푼, 흰붓꽃 뿌리 1티스푼(선택), 작은 그릇

1. 제단을 깨끗이 청소한다.
2. 양초에 불을 붙이고 당신의 의도에 집중한다.
3. 꼬챙이로 사과에 구멍을 낸다. 정향을 끼워 넣을 수 있도록 충분히 큰 구멍을 낸다.
4. 통정향을 구멍에 채운다. 이 작업을 하면서 당신이 삶에 불러오기를 희망하는 부의 종류를 큰 소리로 말한다.
5. 그릇에 시나몬, 넛멕, 생강, 올스파이스, 흰붓꽃 뿌리를 섞고 제단 위에 놓는다.
6. 정향을 채운 사과를 그릇 위에 굴리는 작업을 3주간 매일 5분 동안 한다. 사과를 굴리는 동안 당신의 의도에 집중하며 명상한다. 사과가 점점 (쪼글쪼글해지기보다) 건조가 되면서 당신의 의도가 스며들어 간다.
7. 마법의 사과를 제단 위에 보관한다.

부를 끌어당기는 벽걸이

마법의 벽걸이로 여러분의 집안에 부를 끌어당기자. 이 벽걸이는 매듭 마법을 이용하여 흙의 원소를 끌어당기려는 당신의 의도를 증폭시키고 유지시켜 준다. 침실, 사무실, 집 한가운데, 작업장에 걸어두면 된다.

주문을 걸 때:
일요일, 목요일, 또는 상현달이나 초승달이 뜰 때

필요한 재료와 도구:
초록색 또는 금색 끈이나 실 1타래 , 땅에서 주워 온 30센티미터 길이의 나무 막대, 비즈 또는 금속 재질 오브제(선택), 가위, 신선한 바질 싹 3~4개, 신선한 타임 싹 3~4개

주문에 소요되는 시간:
30분

주문을 걸 장소:
제단

1. 제단을 깨끗이 청소한다.
2. 끈, 막대기, 비즈를 정화한다.
3. 약 45~55센티미터 길이의 끈을 30개 정도 잘라낸다. 소말뚝 매듭(또는 종달 새머리 매듭)을 이용해 나무 막대에 끈을 묶는다.
4. 매듭을 지을 때마다 이렇게 말한다.
   "나는 각각의 끈을 묶는다.
   이 집에 더 많은 번영을
   불러오기 위하여."
5. 나무 막대를 매듭으로 모두 채우려면 끈이 더 필요할 수도 있다. 양쪽 끝

은 매듭을 만들지 말고 비워둔다.

6. 나무 막대 길이의 1.5배 되는 끈을 잘라서 막대 양쪽 끝에 묶는다. 이 끈을 이용해 벽걸이를 벽에 매단다.

7. 당신의 의도에 집중하면서 바질, 타임, 비즈, 행운의 마스코트를 끈에 연결한다.

8. 두세 달에 한 번씩 이 주문을 반복하며 벽걸이를 재충전한다.

빚을 없애는 마법의 물

빚은 누구에게나 무거운 짐이 될 수 있다. 하지만 이 정화수가 재정적인 부담을 씻어낼 수 있도록 도와주기 때문에 이제 여러분도 뒷걸음질 치는 삶에서 벗어나 앞으로 나아갈 수 있다. 이 물은 손을 씻는 데 사용할 수도 있고 창문에 보이지 않는 마법 인장을 그릴 때 쓸 수도 있다.

주문을 걸 때:
그믐달이 떴을 때

주문에 소요되는 시간:
20분

주문을 걸 장소:
제단 또는 부엌

필요한 재료와 도구:
실온의 증류수 또는 끓인 후 식힌 수돗물 1컵, 깔때기, 큰 황색 유리병, 베르가모트 에센셜 오일 6방울, 시더우드 에센셜 오일 3방울, 파촐리 에센셜 오일 3방울

1. 제단 또는 부엌 공간을 깨끗이 청소한다.
2. 황색 유리병에 물을 붓고 베르가모트, 시더우드, 파촐리 에센셜 오일을 추가한다. 흔들어서 섞어준다.
3. 혼합물을 섞으며 부채를 씻어내고자 하는 당신의 의도를 주입한다. 두 손으로 병을 쥐고 당신의 에너지가 병을 둘러싼 뒤 혼합물의 일부가 되는 모습을 상상한다.
4. 돈을 지불하기 전후, 영업을 시작하기 전후, 신용카드·대출금·지폐를 사용하기 전후에 이 물을 사용한다. 사용 전에는 잘 흔들어준다.

더 큰 부를 위한 의식

땅에 동전을 제물로 바치고 보살피며, 그 대가로 더 큰 재물을 얻고자 하는 장기적인 주문이다. 시간과 노력이 많이 들지만, 그만큼 훨씬 더 나은 보상과 성과를 위해 길을 열어줄 것이다.

주문을 걸 때:
목요일 또는 상현달이 뜰 때 혹은 그즈음, 보름달이 뜰 때

주문에 소요되는 시간:
45분

주문을 걸 장소:
제단 그리고/또는 야외 공간

필요한 재료와 도구:
작은 동전 또는 지폐, 라이터 또는 성냥, 양초, '돈 가루(88쪽)' 또는 '돈이 늘어나는 오일(90쪽)', 시드 페이퍼 봉투 또는 생분해성 용기(예를 들어 달걀 상자)와 씨앗

1. 제단 또는 야외 공간을 깨끗이 청소한다.
2. 동전 또는 지폐를 정화한다.
3. 양초에 불을 붙이고 당신의 의도에 집중한다. 동전이나 지폐에 주문을 걸기 위해 에너지를 끌어 올린다.
4. 동전이나 지폐에 '돈 가루' 또는 '돈이 늘어나는 오일'을 바른다.
5. 물을 주면 씨앗이 자라나는 시드 페이퍼로 만든 봉투에 동전이나 지폐를 넣는다. 달걀 상자나 다른 생분해성 용기를 사용하는 경우에는 안에 씨앗을 붓고 그 안에 동전이나 지폐를 숨긴다. 빠른 진행을 원한다면 야외에 심기 전에 씨앗을 먼저 발아시켜 놓아도 좋다.

6. 밖에 나가기 전에 양초를 끈다. 야외에서 돈 봉투를 심을만한 적당한 장소를 찾는다. (뒤 페이지에 계속)
7. 주변을 깨끗이 청소한다. 땅과 하나가 되는 기분을 느끼며, 적어도 10분간 당신의 의도에 집중하며 명상한다.
8. 준비가 되었으면 구멍을 파고 제물을 심으며 이렇게 말한다.
   "더 큰 재물을 얻는 대가로 이 동전과 씨앗을 땅에 바친다."
9. 제물이 잘 자랄 수 있게 정성 들여 보살핀다.

돈을 부르는 마법 약병

병을 이용하는 이 주문은 당신의 삶에 더 많은 돈을 불러들일 수 있게 도와준다. 오랜 기간에 걸쳐 부를 축적할 수 있게 해주는 장기 주문으로, 만들고 난 병은 제단 위나 제단 근처, 혹은 효과를 발휘했으면 하는 사업장 근처에 두면 된다.

주문을 걸 때:
목요일 또는 초승달이 떴을 때

주문에 소요되는 시간:
30분, 추가로 양초가 타는 3~4시간

필요한 재료와 도구:
펜과 종이, 작은 또는 중간 크기의 뚜껑 있는 유리병, 캐모마일 1테이블스푼, 말린 바질 1테이블스푼, 생강 가루 1테이블스푼, 시트린 크리스털, 파이라이트 스톤, 클리어쿼츠 크리스털, 돈 또는 돈 모양의 오브제(선택), 라이터 또는 성냥, 10센티미터 길이의 초록색, 금색, 흰색 차임 양초

1. 제단을 깨끗이 청소한다.
2. 종이에 더 많은 돈을 벌고 싶은 이유를 글로 적는다.
3. 유리병에 종이를 넣고, 더 많은 돈을 불러오고자 하는 당신의 의도에 집중한다.
4. 병 안에 캐모마일, 바질, 생강, 시트린, 파이라이트, 클리어쿼츠를 넣는다. 원한다면 돈이나 돈 모양 오브제를 넣을 수도 있다. 뚜껑을 닫는다.
5. 양초에 불을 붙이고 초를 수평으로 들어 병뚜껑 위로 촛농을 떨어트린다. 뚜껑 위에 양초를 세울 수 있을 정도로 촛농을 충분히 떨어트린다. 병뚜

껑에 불이 붙어 있는 상태의 양초를 붙이고 안정적으로 고정해 준다. 양초 주변의 촛농을 말려서 다른 도움 없이도 초가 설 수 있게 한다.

6. 초가 타는 동안 불꽃을 보며 스크라잉(51쪽 참고)에 집중한다. 더불어 당신의 의도에 관해 명상한다. 불꽃에 어떤 형태, 메시지, 이미지가 나타날 수 있다.

7. 초가 다 타기를 기다리며 당신의 의도를 마법 약병 안에 봉인한다.

돈을 끌어당기는 크리스털 그리드

이 주문은 당신의 능력을 증폭시켜 줄 것이다. 클리어쿼츠 대신 다른 크리스털로 대체해도 좋다.

주문을 걸 때:
목요일 또는 상현달이 떴을 때

주문에 소요되는 시간:
30분

주문을 걸 장소:
제단

필요한 재료와 도구:
펜과 종이, 괄호 속의 크리스털 8개(시트린, 카넬리안, 아벤츄린, 클리어쿼츠 등), 지팡이 또는 마법 단검

1. 제단을 깨끗이 청소한다.
2. 펜과 종이로 마음에 드는 그리드 형태를 그린다. 돈을 실체화하는 주문의 경우 많은 사람들이 서로 겹쳐지는 원 3개를 그린다.
3. 두 손으로 크리스털을 쥐고 당신의 에너지, 의도가 크리스털과 합쳐지는 모습을 상상한다. "나는 이 크리스털을 충전하여 내 삶 속에서 돈을 실체화할 것이다"라고 말하며 당신의 선택에 대해 확언을 해준다.
4. 2단계에서 그렸던 그리드에 크리스털을 배치해 준다. 선이 겹치는 곳에 크리스털을 놓는다.
5. 지팡이나 마법 단검을 이용해 그리드를 활성화시킨다. "나는 이 그리드를 연결하여 내 삶에 더 많은 돈을 끌어들일 것이다"라고 말하면서 당신의 에너지로 각각의 크리스털을 다 같이 연결시킨다.
6. 편하게 앉아서 눈을 감고, 10분 동안 의도에 집중하며 명상한다.
7. 원하는 기간 동안 그리드를 그대로 유지한다. 2~3일에 한 번씩 각각의 크리스털을 다시 연결시키며 당신의 의도를 큰 소리로 말한다.

번영을 위한 귀리 비누

매일 샤워나 목욕을 할 때 번영을 위한 귀리 비누를 사용해 보자. 귀리는 번영을 비는 주문에 매우 유용하다. 더불어 이 비누는 보습 효과가 있고 화학 약품도 들어 있지 않아서 피부에도 매우 좋다. 사랑스러운 선물로도 활용할 수 있다.

주문을 걸 때:
초승달이 떴을 때

주문에 소요되는 시간:
30~45분, 추가로 굳기까지 3~4시간

주문을 걸 장소:
부엌

필요한 재료와 도구:
절구와 절굿공이 또는 분쇄기, 압착 귀리 ¾컵, 날카로운 칼, 글리세린 또는 우유 비누 베이스 500그램, 큰 내열 계량컵, 중간 크기 그릇, 나무 숟가락, 꿀 1테이블스푼, 라벤더 에센셜 오일 16방울, 베르가모트 에센셜 오일 4방울, 자연 색소로 사용할 프렌치 그린 클레이 1테이블스푼(선택), 실리콘 비누 틀

1. 부엌 공간을 깨끗이 청소한다.
2. 절구와 절굿공이를 이용하여 압착 귀리를 곱게 빻는다. 귀리를 갈면서 당신의 의도에 집중한다.
3. 원하는 비누 베이스를 큼직한 덩어리로 자른 뒤 내열 계량컵에 담는다.
4. 비누 베이스가 완전히 녹을 때까지 전자레인지에 30초씩 끊어서 돌린다. 끓어 넘치지 않게 조심한다.
5. 중간 크기 그릇에 귀리 가루, 라벤더 에센셜 오일, 베르가모트 에센셜 오일을 섞는다. 혼합물을 섞으며 당신의 에너지를 주입한다. 동시에 이렇게 말한다.

"오일, 귀리, 꿀
번영을 위해 함께 섞인다."

녹은 비누 베이스를 첨가한다. 원한다면 자연스러운 색을 내기 위해 프렌치 그린 클레이를 추가한다. 원하는 대로 자유롭게 허브 같은 재료를 첨가한다(다만 허브는 시간이 갈수록 비누를 누렇게 만들 수 있다).

6. 실리콘 비누 틀에 혼합물을 붓는다. 굳을 때까지 3~4시간 정도 기다린다.
7. 틀에서 비누를 꺼낸다.

돈을 부르는 마법의 양초

때때로 돈 관련 주문은 그 효과를 위해 여분의 시간이 필요할 때가 있다. 이 단순한 양초 주문은 장기간에 걸쳐 작동한다. 주문의 효과가 점점 커질 수 있도록 9일간 매일 15분씩 투자해 보자.

주문을 걸 때:
상현달, 초승달이 떴을 때

주문에 소요되는 시간:
9일 동안 매일 15분씩

주문을 걸 장소:
제단

필요한 재료와 도구:
초록색 기둥형 양초, 흰색 기둥형 양초, 올리브 오일 같은 캐리어 오일 2테이블스푼, 베르가모트 에센셜 오일 6방울, 말린 바질 또는 민트 1테이블스푼, 라이터 또는 성냥

1. 제단을 깨끗이 청소한다.
2. 양초를 정화한다.
3. 캐리어 오일에 베르가모트 에센셜 오일을 섞으며, 부와 풍요를 불러오겠다는 당신의 의도에 집중한다.
4. 양초 2개를 25센티미터 정도 떨어뜨려서 놓는다. 흰색 양초는 당신, 초록색 양초는 당신이 원하는 돈을 상징한다.
5. 손으로 초록색 양초에 오일을 바른다. 양초 위부터 시작해 아래쪽까지 오일을 발라 끌어당기는 에너지를 향상시킨다. 심지에 오일이 묻지 않도록 조심한다.
6. 초록색 돈 양초 위에 바질이나 민트 가루를 뿌린다.
7. 두 양초에 불을 붙이고 눈을 감는다. 당신의 의도에 집중하며 15분간 명상하면서 이렇게 말한다.

"자산의 양초, 내게 오라.

돈의 민트, 마법을 걸고 지켜보라.

오늘 내가 원하는 대로, 이루어져라."

8. 1일차 의식은 끝이 났다.

9. 이 주문을 8일간 더 반복한다. 매일 초록색 양초와 흰색 양초 사이의 거리를 2~3센티미터씩 좁혀준 뒤 바질이나 민트 가루를 뿌린다. 9일 후에는 두 양초가 만나게 된다.

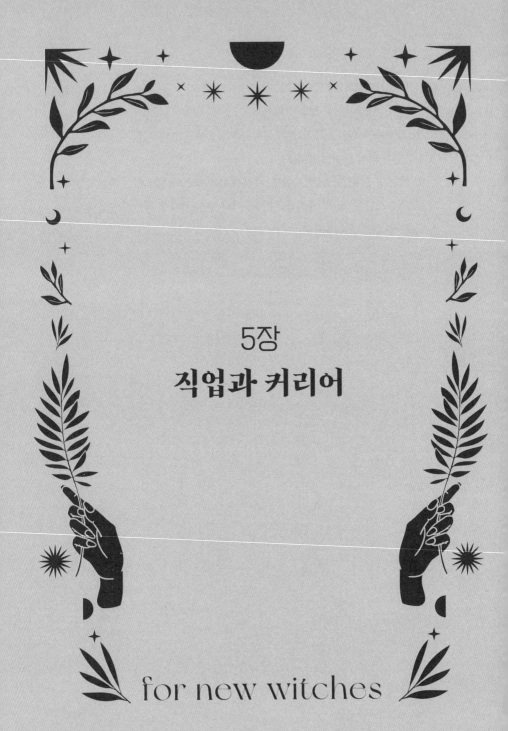

5장
직업과 커리어

for new witches

일과 직업 관련 주문은 직장이나 동료 때문에 생기는 스트레스 요인과 짐을 덜어줄 수 있다. 이 주문이 하룻밤 사이에 꿈의 직장을 마련해줄 수는 없겠지만 자신감을 심어주고, 성취감을 찾고, 사기를 증진하도록 이끌어줄 것이다. 면접을 보러 갈 때, 새로운 사업을 시작할 때, 출세 가도를 차근차근 밟아갈 때, 이 주문들이 분명히 당신을 도와줄 수 있다.

자신감을 주는 향주머니

이 주머니는 스스로 확신하지 못할 때 자신감을 갖도록 도와준다. 이 주문에 사용되는 크리스털과 허브는 모두 자신감 쌓기와 관련된 속성을 가지고 있다.

주문을 걸 때:
화요일, 목요일, 또는 상현달이나 초승달이 뜬 일요일

주문에 소요되는 시간:
20분

주문을 걸 장소:
제단

필요한 재료와 도구:
절구와 절굿공이 또는 분쇄기, 말린 타임 1테이블스푼, 말린 서양톱풀꽃 1테이블스푼, 20센티미터 길이의 주황색 정사각형 천, 헤마타이트, 가넷, 주황색 끈

1. 제단을 깨끗이 청소한다.
2. 절구와 절굿공이 또는 분쇄기를 이용하여 타임과 서양톱풀꽃을 으깨 향을 낸다.
3. 으깬 혼합물을 주황색 천에 바른다. 자신감을 쌓고 싶다는 당신의 의도에 집중한다.
4. 헤마타이트와 가넷을 충전한 다음 천 위에 놓으며 이렇게 말한다.
   "이 각각의 스톤으로,
   나는 자신감 넘치는 번성한 상태를
   공들여 만들어 낸다."
5. 천으로 헤마타이트와 가넷을 감싼 뒤 끈으로 묶어 당신의 의도를 봉인해 준다.
6. 이제 향주머니는 당신의 의도로 충전되었으니, 지니고 다니면 된다.

갈등을 수습하는 가루

이 가루로 직장에서의 충돌을 진정시키자. 이 주문에는 분위기를 진정시키는 스톤, 부정적 성향을 제거하는 소금, 행복과 여유의 특성을 지닌 허브를 사용한다. 이 가루는 병에 넣어 가지고 다닐 수도 있고, 충돌이 일어난 건물 주변에 뿌릴 수도 있으며, 제단에서 내열 접시 위에 숯을 놓고 태울 수도 있다.

주문을 걸 때:
금요일 또는 초승달이 떴을 때

주문에 소요되는 시간:
15분

주문을 걸 장소:
제단 또는 부엌

필요한 재료와 도구:
말린 라벤더 1테이블스푼, 말린 세인트존스워트 1테이블스푼, 말린 메도스위트 1테이블스푼, 절구와 절굿공이 또는 분쇄기, 시솔트 또는 블랙솔트 1테이블스푼, 깔때기, 뚜껑이 있는 유리병

1. 제단 또는 부엌 공간을 깨끗이 청소한다.
2. 절구 또는 분쇄기에 라벤더, 세인트존스워트, 메도스위트를 넣고 당신의 의도에 집중한다.
3. 허브를 가루로 빻으면서 이렇게 3회 외친다.
   "긴장을 풀고, 진정하고, 누그러뜨려, 해결하라."
4. 허브 혼합물에 소금을 넣고 섞는다.
5. 깔때기를 이용해 병에 가루를 넣는다.
6. 가루가 충전되었으니 바로 사용하면 된다.

소원 성취를 위한 스크라잉

이 주문은 당신의 무의식에 파고들어 어떤 이미지를 보거나 메시지를 받기에 좋은 방법이다.

주문을 걸 때:
그믐달, 초승달이 떴을 때

주문에 소요되는 시간:
25분

주문을 걸 장소:
제단

필요한 재료와 도구:
짙은 색 그릇에 담아 보름달 아래에서 충전한 물(50쪽 참고), 보라색 양초, 노란색 보티브 또는 기둥형 양초, 라이터 또는 성냥, 펜과 종이, 지팡이 또는 마법 단검

1. 제단을 깨끗이 청소한다.
2. 제단 한가운데에 그릇을 놓는다. 양초 하나는 그릇 왼쪽에, 다른 하나는 그릇 오른쪽에 둔다.
3. 양초에 불을 붙이고 소원 성취를 위한 스크라잉에 의도를 집중한다.
4. 10분간 명상한다. 집중한 상태에 이르도록 기다린다.
5. 눈을 뜨고 물그릇을 응시하며, 어떤 이미지가 당신의 마음을 채우는지 지켜본다. 그러는 동안 이렇게 말한다.
   "보이지 않는 광경을 내게 보여라.
   예견된 가능성을 내게 보여라."
6. 나타나는 색, 형태, 메시지를 찾아본다. 펜과 종이로 보이는 걸 기록한다.
7. 지팡이나 마법 단검으로 물을 건드려 잔물결을 일으키면 어떤 형태가 만들어지기도 한다. 이때 만들어진 모양이 우리 눈을 자극하여 이미지나 환영을 볼 수 있게 도움을 줄 수 있다. 시간을 가지고 찬찬히 이미지를 바라본다. 응시하는 연습을 더 많이 할수록 실제로도 더 잘 보게 된다.

퇴사를 위한 오일

그만두고 싶은 프로젝트가 있는가? 직장을 떠나고 싶은가? 이 주문이 어려운 결정을 내릴 때 필요한 힘을 실어줄 것이다. 당신의 의도가 스며든 오일과 허브 혼합물을 만들어 보자.

주문을 걸 때:
화요일, 수요일, 목요일

주문에 소요되는 시간:
15분

주문을 걸 장소:
제단

필요한 재료와 도구:
아몬드 오일 또는 올리브 오일 같은 캐리어 오일 2테이블스푼, 작은 황색 롤러 달린 병 또는 스포이트 병, 로즈메리 에센셜 오일 2방울, 카르다몸 에센셜 오일 2방울, 화이트 퍼 에센셜 오일 1방울, 스프루스 에센셜 오일 1방울, 말린 타임 1티스푼, 말린 서양톱풀꽃 1티스푼

1. 제단을 깨끗이 청소한다.
2. 롤러 달린 병이나 스포이트 병에 캐리어 오일을 붓는다.
3. 로즈메리, 카르다몸, 화이트 퍼, 스프루스 에센셜 오일을 차례대로 추가하며 이렇게 말한다.
   "긴장아, 풀어지고 흩어져라.
   이 중요한 결정을 할 수 있게 해 다오."
4. 타임과 서양톱풀꽃을 넣는다.
5. 병을 두 손에 쥐고 에너지가 병 주변을 에워싸는 모습을 상상하며 당신의 의도를 병에 충전한다.
6. 사용하기 전에 잘 흔들어 섞는다. 맥박이 뛰는 부위나 피부에 발라도 되고 다른 물건에 발라도 좋다.

승진을 위한 주문

늘 같은 일에 얽매여 있지 말고 승진을 꿈꿔 보자. 이 주문은 베개 밑에 두는 특별한 주머니를 만들어 당신이 자는 동안 승진을 위한 답을 찾을 수 있게 해 준다. 바느질이 익숙하지 않은 사람이라면 일반적인 바늘과 실을 쓰는 대신 빳빳한 펠트 천과 자수용 바늘, 실을 사용할 것을 추천한다.

주문을 걸 때:
목요일, 일요일 또는 초승달이나 보름달이 떴을 때

주문에 소요되는 시간:
15분

주문을 걸 장소:
제단

필요한 재료와 도구:
펜과 종이, 12~13센티미터 정도 길이의 정사각형 천 2장, 실, 충전용 폴리에스터 솜 또는 코튼볼, 말린 라벤더 1테이블스푼, 말린 로즈메리 1테이블스푼

1. 제단을 깨끗이 청소한다.
2. 펜과 종이로 당신이 직장에서 원하는 바를 적는다.
3. 안감이 밖으로 나오게 천을 맞댄다.
4. 바늘과 실을 이용하여 외곽선을 따라 바느질해 주머니를 만든다. 몇 센티미터를 남겨두고 주머니를 뒤집어 바늘땀을 숨긴다.
5. 주머니 안에 쪽지, 충전용 솜이나 코튼볼, 라벤더와 로즈메리를 채운다. 당신의 의도에 집중한다.
6. 구멍을 바느질로 막으며 그 안에 당신의 의도를 봉인한다.
7. 베개 밑에 주머니를 둔다. 잠들기 전 "승진을 하려면 어떻게 해야 할까?" 라고 묻는다. 그 해답은 꿈속에서 드러날 것이다.

직장의 평화를 위한 주문

직장 내 정치가 당신을 괴롭히는가? 이 간단한 주문이 직장에 평화를 가져오려는 당신의 의도를 증폭시켜 줄 것이다. 주문에 필요한 건 가넷, 치자나무 에센셜 오일, 회색 양초가 전부다. 마법을 건 크리스털을 직장에 두면 그 효과가 극대화된다.

주문을 걸 때:
일요일 또는 초승달이 떴을 때

주문에 소요되는 시간:
15분

주문을 걸 장소:
제단

필요한 재료와 도구:
치자나무 에센셜 오일 3방울, 라이터 또는 성냥, 가넷, 회색 양초

1. 제단을 깨끗이 청소한다.
2. 치자나무 에센셜 오일을 회색 양초 위에 붓고, 평화로운 에너지와 함께 양초에 오일을 바른다. 심지에 오일이 묻지 않게 조심한다.
3. 초에 불을 붙이고 연기에 가넷을 통과시키면서 오일과 양초의 속성이 가넷에 스며들게 한다.
4. 가넷을 앞에 두고 이렇게 말한다.
   "온화한 평화여, 바른길을 찾아다오.
   내 직장에 들어와 혼란을 잠재워다오."
5. 양초 불이 꺼지기 전까지 10분간 명상한다.
6. 평화를 가져오고 싶은 장소에 가넷을 가지고 간다.

소통을 위한 주문

이 주문은 당신과 직장 동료가 원활한 커뮤니케이션을 할 수 있게 도와준다. 당신의 의도를 강화하는 데 필요한 준비물은 거울, 여러 가지 오일, 크리스털이다. 더 나은 의사소통을 원할 때마다 목에 오일을 발라주면 된다.

주문을 걸 때:
수요일 또는 하현달이 떴을 때

주문에 소요되는 시간:
15분

주문을 걸 장소:
제단

필요한 재료와 도구:
라이터 또는 성냥, 노란색 양초, 캐리어 오일 2테이블스푼, 작은 황색 스포이트 병, 라벤더 에센셜 오일 2방울, 세이지 에센셜 오일 2방울, 페퍼민트 에센셜 오일 2방울, 거울

1. 제단을 깨끗이 청소한다.
2. 노란색 양초에 불을 붙이고 당신의 의도에 집중한다.
3. 스포이트 병에 캐리어 오일을 붓고 라벤더, 세이지, 페퍼민트 에센셜 오일을 추가한다.
4. 두 손에 병을 쥐고 에너지가 병 주변을 에워싸는 모습을 상상하며 당신의 에너지를 충전한다. 이렇게 소통을 위한 오일이 만들어졌다.
5. 목에 오일을 세 방울 바르고 거울을 들여다보며 이렇게 말한다.
   "거울을 들여다볼 때마다
   내 말이 더 명확해지도록 힘을 실어 주기를."
6. 필요할 때마다 반복한다.

활력을 주는 주문

직장에서 번아웃이 찾아왔는가? 이 주문이 당신의 에너지를 끌어올려, 직장에서 (또는 집에서도) 집중한 상태를 유지할 수 있게 도와주고, 어렵고 지루하고 진 빠지는 작업을 완수할 수 있게 만들어줄 것이다.

주문을 걸 때:
힘이 필요한 때라면 언제든지

주문에 소요되는 시간:
20분

주문을 걸 장소:
제단

필요한 재료와 도구:
펜과 종이, 가위, 내화성 그릇 또는 솥, 말린 생강 ½테이블스푼, 시나몬 ½테이블스푼, 작은 유리병

1. 제단을 깨끗이 청소한다.
2. 완수하고 싶은 업무를 종이 위에 글로 쓴다.
3. 눈을 감고 당신의 에너지를 끌어올리는 데 집중한다.
4. 가위로 종이를 아주 잘게 자른 뒤 내화성 그릇에 던져 넣는다.
5. 그릇에 말린 생강과 시나몬을 뿌리며 이렇게 말한다.
   "향신료여, 내 소원을 강화하고 힘을 실어다오."
6. 성냥에 불을 붙인 뒤 그릇에 던져 넣으며 이렇게 말한다.
   "에너지여, 불이 꺼질 때까지 계속 커져다오."
7. 다 타고난 재를 유리병에 담는다. 에너지가 필요할 때마다 주변에 이 재를 뿌린다.

기억을 돕는 주문

기억해야 할 게 너무 많은가? 5분밖에 걸리지 않는 이 단순한 주문이 중요한 세부 사항, 아이디어, 직장에서의 업무를 까먹지 않고 기억해낼 수 있도록 도와줄 것이다.

주문을 걸 때:
언제나

필요한 재료와 도구:
크리스털, 펜

주문에 소요되는 시간:
5분

주문을 걸 장소:
직장

1. 크리스털을 보름달 아래에 두고 충전한다. 보름달이 뜰 때까지 기다릴 시간이 없다면 직접 손에 쥐고 충전한다.
2. 펜을 정화한다. 눈을 감고 흰빛을 상상한다.
3. 왼손에 크리스털을 쥐고 오른손에 펜을 쥔다.
4. 에너지가 고동치며 점점 커져 가는 모습을 상상한다. 에너지를 원하는 곳으로 옮길 수 있을 때까지 크리스털 에너지의 도움을 받으며 에너지를 키워간다.
5. 기억력을 강화하고자 하는 당신의 의도에 집중하면서, 펜 주변을 당신의 에너지로 감싼다.
6. 몇 분 후 펜에서 뜨거운 느낌을 받게 될 것이다. 에너지가 펜으로 옮겨갔다는 뜻이다.
7. 펜이 충전되었다. 이제 준비가 끝났으니 업무나 세부 사항을 기억해야 할 때마다 언제든 사용하면 된다.

꾸물거림을 막는 오일

일을 할 때 너무 자주 꾸물거리는가? 그렇다면 이 간단한 오일이 당신에게 꼭 필요할 것이다. 오일은 맥박이 뛰는 곳에 바를 수도 있고, 아로마 디퓨저에 첨가할 수도 있으며, 각종 도구에 발라줄 수도 있다. 이를 통해 직장에서 집중력을 높이고 꾸물거리는 일을 막을 수 있다.

주문을 걸 때:
수요일 또는 상현달이 떴을 때

주문에 소요되는 시간:
15분

주문을 걸 장소:
제단

필요한 재료와 도구:
올리브 오일 또는 아몬드 오일 같은 캐리어 오일 2테이블스푼, 작은 황색 롤러 달린 병 또는 스포이트 병, 자몽 에센셜 오일 2방울, 페퍼민트 에센셜 오일 2방울, 레몬 에센셜 오일 1방울, 로즈메리 에센셜 오일 1방울

1. 제단을 깨끗이 청소한다.
2. 황색 롤러 달린 병에 캐리어 오일을 붓는다.
3. 자몽, 페퍼민트, 레몬, 로즈메리 에센셜 오일을 차례대로 넣는다. 각 오일을 넣으며 이렇게 말한다.
   "미루는 버릇을 쫓아버려라."
4. 두 손에 병을 쥐고 에너지가 병 주변을 에워싸는 모습을 상상한다. 당신의 의도를 병에 충전한다.
5. 오일을 사용할 때마다 오일을 만든 의도에 집중한다.

기회를 잡기 위한 주술 인형

원하는 직업이나 제안이 있을 때, 또는 어떤 일을 새로 시작하고 싶을 때, 열쇠와 주술 인형의 도움을 받아 기회를 잡기 위한 주문을 걸어보자. 여기서 열쇠는 새로운 기회를, 인형은 당신을 상징한다.

주문을 걸 때:
일요일 또는 초승달, 보름달이 떴을 때

주문에 소요되는 시간:
30분

주문을 걸 장소:
제단

필요한 재료와 도구:
정사각형 모양의 주황색 또는 노란색 천이나 펠트 2장, 주황색 또는 노란색 끈, 충전용 폴리에스터 솜 또는 코튼볼, 연필, 가위, 바늘, 말린 캐모마일 1티스푼, 말린 민트 1티스푼, 말린 버베나 1티스푼, 리본 또는 끈

1. 제단을 깨끗이 청소한다.
2. 천, 열쇠 모양 오브제, 실, 솜을 정화한다.
3. 천 2장에 인형의 앞면과 뒷면 외곽선을 그린다. 가위로 모양에 맞게 잘라 낸다.

4. 잘라낸 천을 안감이 밖으로 나오게 맞댄다. 외곽선을 따라 바느질을 하여 인형을 만든다. 몇 센티미터를 남겨두고 인형을 뒤집어 바늘땀을 숨긴다.

5. 인형 안에 캐모마일, 민트, 버베나, 충전용 솜을 채워 넣는다.

6. 솜을 채워 넣었던 구멍을 바느질로 막으며 당신의 의도를 그 안에 봉인한다. 완성된 인형에 의도를 주입한다.

7. 리본이나 끈을 이용해 열쇠 모양 오브제를 인형에 단다. 인형을 연결할 때 이렇게 말한다.

   "나는 기회를 끌어들이기 위하여
   이 인형과 열쇠를 연결시킨다."

8. 열쇠와 인형을 계속 연결시켜 두면 당신에게 기회가 찾아올 것이다.

생산성을 높이는 주문

때때로 조금만 더 힘을 내면 성공할 수 있을 것 같은 때가 있다. 이 주문은 삶의 모든 측면에 균형을 맞출 수 있게 도와주기 때문에 가정 생활뿐만 아니라 직장 생활에도 충분한 관심을 쏟을 수 있게 도와준다. 당장 처리해야 할 일이 너무나 많을 때, 이 주문이 혼란스러운 상황을 헤쳐나갈 수 있게 해준다.

주문을 걸 때:
수요일 또는 하현달이 떴을 때

주문에 소요되는 시간:
15분

주문을 걸 장소:
제단 또는 부엌

필요한 재료와 도구:
작은 그릇, 물 2테이블스푼. 보름달의 에너지를 충전한 물이면 더 좋다(50쪽 참고), 노란색 식용 색소 ½티스푼, 뚜껑 달린 작은 유리병, 물엿 2테이블스푼, 식물성 오일 2테이블스푼

1. 제단 또는 부엌 공간을 깨끗이 청소한다.
2. 도구와 재료를 정화한다.
3. 작은 그릇에 물과 노란색 식용 색소를 넣고 섞는다. 생산성을 높이고자 하는 당신의 의도를 물에 주입하는 것에 집중한다.
4. 유리병에 물엿을 부으며 주문을 위한 기초를 마련하는 데 집중한다.
5. 노란색 색소와 섞은 물을 조심스레 부어 두 번째 층을 만든다.
6. 식물성 오일을 그 위에 부어 세 번째 층을 만들며 이렇게 말한다.
   "이 물약을 통해 나는 질서를 주입하여
   혼란을 해소한다."
7. 생산성을 높일 필요가 있을 때마다 유리병을 손에 쥐고 흔들어준 다음,

당신이 처리해야 할 일에 집중한다. 일을 하는 동안 유리병은 탁자 위에 둔다. 액체가 세 층으로 분리되는 동안, 당신의 삶 속 혼란도 분리되어 질서를 찾는 모습을 상상한다.

창의력을 위한 양초(창의력 양초)

이 주문은 머릿속의 자물쇠를 열어 상상력이 흘러넘치게 하는 데 효과적이다. 끊임없는 창의력이 필요한 프로젝트에 참여할 때 이 주문이 도움을 줄 것이다.

주문을 걸 때:
상현달이 뜰 때

주문에 소요되는 시간:
30분

주문을 걸 장소:
제단

필요한 재료와 도구:
펜, 종이 2장, 칼 또는 네임펜, 주황색 기둥형 양초, 오렌지 제스트 1테이블스푼, 라이터 또는 성냥

1. 제단을 깨끗이 청소한다.
2. 첫 번째 종이에 '창의성'이라고 쓴다.
3. 글자들을 직선, 곡선, 점 등 기본 획으로 해체한다. 아까 쓴 글자 밑에 이 획들을 나열한다. 같은 종이에다 이 획들을 조합하여 원하는 모양의 외곽선을 그린다. 사각형, 하트 모양, 십자, 삼각형 등 어떤 모양이라도 상관없다. 나머지 남는 원이나, 곡선, 점은 외곽선 주위에 적절히 배치한다. 이것이 바로 창의력 마법 인장이 된다.
4. 양초에 창의력 마법 인장을 칼로 새기거나 펜으로 그린다.
5. 두 번째 종이에 창의력을 발휘하고 싶은 프로젝트나 업무를 쓴다. 주황색 양초 밑에 종이를 깔고 양초 위에 오렌지 제스트와 블랙페퍼를 뿌린다.
6. 양초에 불을 붙이고 종이 위로 촛농이 흘러내리게 하면서 종이에 에너지를 불어넣는다. 최소 10분간 명상을 하면서 당신이 창의력의 문을 여는 모습을 상상한다. 창의력이 추가로 필요할 때마다 이 양초에 불을 붙인다.

호감을 전하는 부적

곧 면접을 봐야 하는가? 아니면 상사와 미팅이 있거나 좋은 인상을 심어주고 싶은가? 이 주문은 부적을 착용한 사람에게 긍정적인 영향이 갈 수 있게 도와준다.

주문을 걸 때:
일요일 또는 초승달이 떴을 때

주문에 소요되는 시간:
15분

주문을 걸 장소:
제단 또는 야외 화로

필요한 재료와 도구:
절구와 절굿공이 또는 분쇄기, 말린 장미 꽃잎 1테이블스푼, 말린 라벤더 1테이블스푼, 오렌지 제스트 1테이블스푼, 작은 유리병, 깔때기, 실내 제단일 경우 원반 모양 숯, 실내 제단일 경우 내열 접시와 라이터 또는 성냥, 실외일 경우 야외 화로, 반지 또는 목걸이 같은 장신구 1점

1. 제단을 깨끗이 청소한다.
2. 절구와 절굿공이를 이용해 장미 꽃잎, 라벤더, 레몬밤, 오렌지 제스트를 가볍게 빻아준다. 에너지를 끌어올리고 의도를 설정하는 데 집중한다.
3. 깔때기를 이용해 유리병 안에 혼합물을 부어준다.
4. 내열 접시 위에 원반 모양 숯을 놓는다. 숯에 불을 붙이고 빨갛게 달아오를 때까지 기다린다. 섞어놓은 가루 1꼬집을 숯 위에 올려놓고 태운다. 실외에서 주문을 건다면 화로에 허브를 던져 넣으면 된다.
5. 연기 사이로 장신구를 통과시키며 이렇게 말한다.
   "좋은 인상을 심어주기 위해 이 목걸이를 충전한다."
6. 좋은 인상을 줄 때 필요하다고 생각하는 자질들을 이 장신구에 가득 충전한다. 최대한 구체적으로 채우는 것이 좋다.
7. 업무 미팅이나 면접 때 이 장신구를 하고 나간다. 두세 달에 한 번씩 장신구에 마법 걸기를 반복한다.

길을 여는 주문

무언가에 가로막힌 것처럼 답답한 기분인가? 길을 여는 주문은 눈앞의 장애물을 제거하고 싶을 때, 침체된 상황 때문에 꼼짝 못 하는 것 같은 기분이 느껴질 때 딱 좋은 주문이다. 새로운 직업, 아이디어, 프로젝트에 착수할 때 이 주문을 이용하자. 이 주문에는 아브레 카미노^{abre camino}라는 허브가 필요하다.

주문을 걸 때:
일요일 또는 하현달이 떴을 때

주문에 소요되는 시간:
30분

주문을 걸 장소:
욕실과 부엌

필요한 재료와 도구:
작은 냄비, 물 1컵, 아브레 카미노 허브 1줌 또는 로드 오프너 오일, 면포 또는 체, 주전자 또는 항아리, 엡섬솔트 1컵, 라이터 또는 성냥, 회색 기둥형 양초, 셀레나이트

1. 욕실과 부엌 공간을 깨끗이 청소한다.
2. 작은 냄비에 물을 담아 끓인다.
3. 냄비를 불에서 내리고 아브레 카미노를 넣어 10분간 우린다. 건더기를 거른 뒤 주전자나 항아리에 붓는다. 로드 오프너 오일을 이용하면 이 과정을 생략할 수 있다.
4. 욕조에 미온수 또는 온수를 받으며 엡섬솔트를 넣는다.
5. 욕조에 물을 채우는 동안 양초에 불을 붙이고 셀레나이트, 아브레 카미노 우린 물과 함께 근처 안전한 곳에 둔다.
6. 20분간 물에 몸을 담근다. 새롭게 착수하고자 하는 일에 집중한다. 식은 아브레 카미노 물을 몸에 끼얹으며 앞을 가로막고 있는 장애물을 씻어낸

다. 물을 끼얹을 때 이렇게 말한다.

"이 목욕을 통해 나는

장애물과 혼란을 씻어낸다."

7. 20분 후 목욕물을 빼고 촛불을 끈다.

8. 에너지를 치유하고 균형을 맞추기 위해, 그리고 미래의 장애물과 난관을 물리치기 위해 셀레나이트를 지니고 다닌다.

부담감을 덜어주는 주문

너무 많은 책임을 견뎌야 해서 그 부담 때문에 도움이 필요한가? 이 주문은 당신이 어깨에 짊어진 짐을 덜도록 도와줄 것이다. '텐 오브 완즈 (열 개의 지팡이)' 타로 카드가 필요한데, 이 카드가 책임감, 부담, 힘든 일을 상징하기 때문이다.

주문을 걸 때:
해지기 1시간 전

주문에 소요되는 시간:
30분

주문을 걸 장소:
야외

필요한 재료와 도구:
피크닉용 담요 또는 깔고 앉을 것(선택), 소금 또는 지팡이, 라이더 웨이트 타로 카드 중 텐 오브 완즈 카드(또는 카드 이미지를 인쇄한 것), 펜과 종이

1. 성스러운 야외 공간으로 적합한 곳을 선택한다. 그곳을 깨끗이 청소한다. 원한다면 담요를 깔고 앉는다.
2. 명상을 하는 동안 보호를 위하여 마법진을 두른다. 소금을 뿌리거나 지팡이를 이용해 당신 주변에 둥근 원을 그린다. 흰빛이 마법진 주위로 장벽을 만들고 있다고 상상한다.
3. 바닥에 앉은 후 앞에 텐 오브 완즈 카드를 둔다.
4. 마음속으로 그 장면을 그릴 수 있을 때까지 카드를 응시한다.
5. 눈을 감고 카드 속 장면으로 들어간다.
6. 카드 속 인물을 상상한다. 그가 들고 있는 막대기들이 꼭 필요한 것일까? 당신이 어떤 식으로 도움을 주어야 이 사람이 결승선에 도착할 수 있을까? 이 인물은 도움이 필요한가? 이 인물이 도움을 요청할 수 있는 방법,

그가 들고 있는 짐의 일부를 없앨 수 있는 방법을 다양하게 생각해 본다.

7. 현재로 돌아와 당신이 맡은 책임을 어떻게 관리할 것이며 어떻게 남들과 나눌 것인지 글로 적어본다. 마법진을 닫고, 성스러운 공간을 깨끗이 청소한 뒤, 관찰했던 것을 되돌아본다.

동기 부여를 위한 마법 약병

주중엔 늘 우울한가? 아니면 그저 어떤 일을 완수하기 위해 약간의 자극이 필요한가? 이 간단한 마법의 약병으로 긍정적인 기분을 유지할 수 있다. 이 주문의 효과를 더 늘리고 싶다면, 121쪽에서 소개한 '활력을 주는 주문' 속 충전된 재를 이용하면 된다.

주문을 걸 때:
수요일 또는 상현달이 떴을 때

주문에 소요되는 시간:
25분, 추가로 양초가 타는 2~3시간

주문을 걸 장소:
제단

필요한 재료와 도구:
시나몬 1테이블스푼, 시솔트 1테이블스푼, 칠리 플레이크 1테이블스푼, 빻은 세이지 1테이블스푼, 빻은 생강 1테이블스푼, 빻은 로즈메리 1테이블스푼, 빻은 넛멕 1테이블스푼, 활력을 주는 주문(121쪽)의 재 1테이블스푼(선택), 작은 크기 또는 중간 크기의 뚜껑 달린 유리병, 아벤츄린 크리스털, 라이터 또는 성냥, 10센티미터 길이의 노란색 차임 양초 또는 미니 테이퍼 양초

1. 제단을 깨끗이 청소한다.
2. 긍정적인 에너지와 동기부여를 불러일으키겠다는 의도에 집중한다.
3. 시나몬, 시솔트, 칠리 플레이크, 세이지, 생강, 로즈메리, 넛멕, 재(선택)를 유리병에 넣는다.
4. 아벤츄린을 충전한 뒤 유리병에 넣고 뚜껑을 닫는다.
5. 양초에 불을 붙인 뒤 수평으로 들고 유리병 뚜껑 위에 촛농을 떨어트린다.
6. 촛농이 떨어질 때 이렇게 외친다.
   "동기여, 피어나라. 번영하라. 번창하라."
7. 뚜껑 위에 양초를 세울 수 있을 정도로 촛농을 충분히 떨어트린다. 병뚜

껑에 불이 붙어 있는 상태의 양초를 붙이고 안정적으로 고정한다. 양초 주변의 촛농을 말려서 다른 도움 없이도 초가 설 수 있게 한다.

8. 초가 타는 동안 당신의 의도를 유리병 안에 봉인한다.

9. 초가 다 타기를 기다리며 명상한다. 무엇이 당신에게 동기부여를 하는지, 어떻게 해야 열정을 계속 유지할 수 있는지 생각한다.

6장
친구와 가족

for new witches

가정생활과 사회생활은 당신의 사회적, 정신적, 감정적 건강에 매우 중요하다. 이번 장에서는 주변 환경 정화하기, 사랑하는 이들에게 도움주기, 지지하기, 더 끈끈한 유대감 쌓기 등과 관련된 주문을 알아볼 것이다. 이 주문들을 윤리적으로만 활용한다면 가족, 친구, 파트너를 돕기 위해 주문을 이용한다는 것 자체가 굉장히 보람될 수 있다. 다른 사람과 관련된 주문을 걸 때는 언제나 당신의 의도에 대해 다시 한 번 질문해봐야 한다. 이 주문이 다른 사람에게 해를 끼칠 수 있는가? 이 주문이 다른 사람의 자유 의지를 방해하는가? 주문 실행 여부를 결정하기 전에 반드시 이런 가능성을 충분히 심사숙고해야 한다.

새집을 정화하는 주문

새집으로 이사하는 것은 신나는 일이지만 오래되고 정체된, 혹은 부정적인 에너지와 맞닥뜨리게 될 수도 있다. 집에 이 정화 주문을 걸어 리셋 버튼을 눌러주자.

주문을 걸 때:
토요일 또는 그믐달이 떴을 때

주문에 소요되는 시간:
30분

주문을 걸 장소:
새집의 모든 방

필요한 재료와 도구:
라이터 또는 성냥, 스머지 스틱 또는 향, 내화성 그릇, 대빗자루 또는 깃털

1. 집 가운데에 있는 공간에서 시작한다.
2. 스머지 스틱에 불을 붙이고 내화성 그릇에 담는다.
3. 방을 깨끗이 청소하고, 그릇을 들고 시계방향으로 돌면서 방을 정화한다. 대빗자루나 깃털로 연기를 퍼트리면서 방에 연기를 가득 채운다. 동시에 이렇게 말한다.

   "이 연기로 나는 이 집을 씻으며
   없어져야 할 모든 것을 쫓아낸다."

4. 낡고 부정적인 에너지가 집에서 나가는 모습을 상상한다.
5. 집의 각 방에서 3~4단계를 반복한다. 가운데 있는 방에서 시작하여 시계방향 순서대로 진행한다.

달콤한 꿈을 위한 향주머니

원치 않는 꿈이나 악몽으로 고통받는 당신, 친구, 연인을 위해 편안한 잠을 불러오는 향주머니를 만들어 보자. 이 향주머니는 평화로운 에너지와 기분 좋은 향을 발산하기에 사랑스러운 선물로도 제격이다.

주문을 걸 때:
목요일 또는 토요일

주문에 소요되는 시간:
15분

주문을 걸 장소:
제단

필요한 재료와 도구:
라이터 또는 성냥, 하늘색 또는 흰색 보티브 양초, 20센티미터 길이의 정사각형 모양 하늘색 혹은 흰색 천, 말린 캣닙 2티스푼, 말린 캐모마일 2티스푼, 말린 라벤더 2티스푼, 말린 시더우드 잎 2티스푼, 가넷 크리스털

1. 제단을 깨끗이 청소한다.
2. 양초에 불을 붙이고 평화와 평온함을 바라는 당신의 의도에 집중한다.
3. 천을 펼쳐놓고 그 위에 캣닙, 캐모마일, 라벤더, 시더우드 잎, 가넷을 올린다. 각 아이템을 추가할 때마다 당신의 에너지를 불어넣는다.
4. 다 끝나면 천 모서리를 한데 모아 끈으로 묶어서 향주머니를 봉해준다. 그러면서 이렇게 말한다.
   "꿈은 달콤하고 친절하여라.
   오로지 평화만 남겨놓는구나."
5. 악몽을 막기 위해 베개 밑에 향주머니를 두고 잔다. 가족이나 친구에게 선물할 수도 있다.

논쟁을 없애주는 주문

가족들과 자주 말다툼을 하는가? 친한 친구와 싸웠는가? 논쟁은 종종 피할 수 없을 때가 있긴 하지만, 그냥 휩쓸려 가기보다는 잘 다루어 처리해야 한다. 종이, 불, 당신의 의도를 이용해 상황을 개선해 보자.

주문을 걸 때:
수요일 또는 그믐달이 떴을 때

필요한 재료와 도구:
성냥, 긍정을 부르는 향(214쪽 참고), 펜과 종이, 내화성 그릇

주문에 소요되는 시간:
15분

주문을 걸 장소:
제단

1. 제단을 깨끗이 청소한다.
2. 향에 불을 붙이고 당신의 의도에 집중한다.
3. 펜과 종이를 이용해 당신의 논쟁에 대한 자세한 사항, 이 분위기를 씻어내고자 하는 당신의 바람을 글로 쓴다. 이 과정에 적어도 5분 이상 시간을 투자한다.
4. 끝났으면 종이를 연기 사이로 3회 통과시키면서, 당신의 논쟁이 깨끗이 정리되는 모습을 상상한다. 동시에 이렇게 말한다.
   "나는 정화의 연기 사이로 이 종이를 통과시킨다.
   한 번 지날 때마다 나의 논쟁은 사라진다.
   논쟁 상대와의 오해를 풀어버린다."
5. 종이를 잘게 찢어서 내화성 그릇에 담는다. 당신의 삶에서 논쟁을 없애버리는 과정이다.
6. 성냥에 불을 붙이고 그릇에 떨어트려 잘게 자른 종이를 태워버린다.

부정적인 에너지를 물리치는 주문

부정적인 생각에 빠졌는가? 부정성에서 완전히 도망치는 것은 거의 불가능하다. 부정적 성향은 신문을 읽고도, 일상적인 힘든 일에 직면하고도, 부정성과 불평을 퍼트리는 사람을 가까이에 두고도 생길 수 있기 때문이다. 대신 이 거울을 이용한 주문이 부정적인 에너지로부터 당신을 보호해 줄 것이다.

주문을 걸 때:
토요일 또는 하현달이 떴을 때

주문에 소요되는 시간:
20분

주문을 걸 장소:
제단

필요한 재료와 도구:
콤팩트 모양 거울, 작은 그릇, 시솔트 4티스푼, 재 1티스푼, 블랙페퍼 1티스푼, 카옌페퍼 1티스푼, 시나몬 1티스푼, 네임펜

1. 제단을 깨끗이 청소한다.
2. 거울을 정화한다.
3. 작은 그릇에 시솔트, 재, 블랙페퍼, 카옌페퍼, 시나몬을 섞어 보호의 속성이 있는 블랙솔트를 만들어낸다.
4. 그릇 위에 콤팩트형 거울을 펼친다. 거울 위로 블랙솔트 1꼬집을 뿌리며 이렇게 말한다.

   "나를 보호하는 작은 거울이
   부정성을 반사해 나를 지켜줄 것이다."
5. 거울 뒤쪽에 네임펜으로 펜타그램 또는 '보호의 마법 인장(191쪽 참고)'을 그린다. 이 거울이 부정적인 에너지가 당신에게 가까이 가지 못하게 막아줄 것이다.

이해를 돕는 주문

다른 사람의 입장이 되어 생각하는 것은 그들의 경험, 요구, 사고 과정을 이해하는 데 도움이 될 수 있다. 이 연결 주문은 일시적으로 다른 사람과의 교감을 가능하게 하여 그들을 이해하고 공감할 수 있게 도와준다.

주문을 걸 때:
수요일, 금요일, 또는 상현달이 떴을 때

주문에 소요되는 시간:
20분

주문을 걸 장소:
제단

필요한 재료와 도구:
교감하고 싶은 사람의 사진, 라이터 또는 성냥, 흰색 양초, 터콰이즈

1. 제단을 깨끗이 청소한다.
2. 사진을 정화하여 원치 않는 낡은 에너지를 제거한다.
3. 양초에 불을 붙이고 그 옆에 사진을 둔다.
4. 터콰이즈의 에너지와 교감한다.
5. 흰빛이 사진 속 인물 주변을 둘러싸는 모습을 상상한다. 당신의 에너지를 그 흰빛과 연결하면서, 상대를 이해하려는 당신의 의도에 집중한다.
6. 안정적으로 교감이 되어 상대를 파악하고 이해할 수 있을 때까지, 15분 정도 교감에 집중한다.
7. 끝난 후에는 교감을 끊어내고 양초를 끈다. 이제 연결이 끊어졌다.

나쁜 의도를 멈추는 주문

당신 혹은 사랑하는 사람이 누군가에게 부당한 괴롭힘을 당하는 것 같은가? 이 주문을 이용하면 당신 혹은 사랑하는 사람을 향한 부정성을 떨쳐낼 수 있다. 이 주문은 불의 속성을 이용하여 나쁜 의도를 태워서 추방시킨다.

주문을 걸 때:
하현달이 떴을 때

필요한 재료와 도구:
내열 그릇, 펜과 종이, 말린 세인트존스워트 1꼬집, 블랙솔트 1꼬집, 성냥

주문에 소요되는 시간:
20분

주문을 걸 장소:
제단 또는 야외

1. 제단 또는 야외 공간을 깨끗이 청소한다.
2. 종이에 의도를 쓰고, 접어서, 그릇에 담는다.
3. 종이에 세인트존스워트와 블랙솔트를 뿌린다. 성냥에 불을 붙이고 그릇에 넣어 종이를 태워버린다.
4. 혼합물이 타도록 둔다. 타고 남은 재를 현관 문턱에 뿌려 집 안에 있는 모든 사람을 나쁜 의도로부터 보호한다.

우정을 강화하는 주문

친구와 멀어졌는가? 마법의 목걸이로 유대감을 회복시켜 그 어느 때보다 우정을 강화해보자. 이 목걸이는 차분한 마음 상태를 유지하도록 도와줄 것이며 우정을 강화할 수 있게 힘을 실어줄 것이다.

주문을 걸 때:
일요일 또는 초승달이 떴을 때

주문에 소요되는 시간:
20분

주문을 걸 장소:
제단

필요한 재료와 도구:
펜, 2.5센티미터 길이의 정사각형 종이, 미니어처 병, 말린 라벤더 꽃봉오리 6~8개, 라피스 라줄리 조각 1개, 카넬리안 조각 1개, 약 45센티미터 길이의 목걸이 줄 또는 끈

1. 제단을 깨끗이 청소한다.
2. 작은 종이에 당신과 친구 사이의 유대감을 상징하는 '서로 얽혀 있는 모양'의 상징을 그린다.
3. 종이를 말아서 병에 넣으며 이렇게 말한다.
   "이 상징으로 나는 더 강력한 유대감을 설계한다."
4. 라벤더 꽃봉오리를 병에 넣으며 이렇게 말한다.
   "우정의 라벤더로 우리 우정을 재조정하나니, 더 깊은 유대감을 형성하라."
5. 라피스 라줄리와 카넬리안 조각을 충전하고 병에 넣으며 이렇게 말한다.
   "평온과 용기의 크리스털에게 명하노니,
   다시 커진 유대감을 드러내 보여라."
6. 코르크 마개를 끼우며 그 안에 당신의 의도를 봉인한다.
7. 목걸이 줄이나 끈에 병을 연결하고 목에 두른다.
8. 선택 사항: 똑같은 약병 목걸이를 만들어 친구에게 선물한다.

존중받게 해주는 주문

존중받지 못한다는 기분이 드는가? 단순한 에너지 조종 주문으로 존중을 얻을 수 있으니 충전한 크리스털을 이용해 전세를 역전시켜 보자. 라피스 라줄리는 존중받기 위해 필요한 중요한 스톤이며 우정을 상징하는 스톤이기도 하다.

주문을 걸 때:
화요일, 일요일, 또는 상현달이나 보름달이 떴을 때

주문에 소요되는 시간:
20분

주문을 걸 장소:
제단

필요한 재료와 도구:
핑크 장미 2송이, 카네이션 2송이, 작약 2송이, 흰색, 분홍색 그리고/또는 노란색 티라이트 양초 3개, 내화성 접시 3개, 라이터 또는 성냥, 라피스 라줄리 또는 클리어쿼츠 팜스톤(광택을 낸 손바닥 크기의 타원형 스톤)

1. 제단을 깨끗이 청소한다.
2. 재료를 정화한다.
3. 장미, 카네이션, 작약 꽃잎을 떼어낸다. 제단 전체에 꽃잎을 뿌린다.
4. 내화성 접시 각각에 티라이트 양초를 올린다. 제단 위에 접시를 삼각형 대형으로 놓고 양초에 불을 붙인다.
5. 양손에 팜스톤을 쥐고 눈을 감는다. 팜스톤의 무게를 느끼며 15분가량 당신의 의도에 집중해 명상한다.
6. 명상을 하는 동안 팜스톤의 에너지 그리고 편안하게 집중한 당신의 에너지가 섞이는 걸 느낀다.

새로운 우정을 위한 주문

초승달이 뜨는 시기는 새로운 아이디어를 시험해 보거나, 새로운 목표를 생각해 내거나, 시험 삼아 주문을 걸어 보기에 좋은 기회다. 새로운 우정을 불러일으키는 데도 좋다.

주문을 걸 때:
초승달이 떴을 때

주문에 소요되는 시간:
20분

주문을 걸 장소:
제단 또는 야외

필요한 재료와 도구:
핑크색 또는 흰색 기둥형 양초, 접시, 올리브 오일, 해바라기 오일 같은 캐리어 오일 1테이블스푼, 말린 라벤더 1티스푼, 설탕 1티스푼, 펜과 종이, 내화성 접시, 라이터 또는 성냥

1. 제단을 깨끗이 청소한다.
2. 접시 위에 양초를 놓는다. 검지를 이용해 양초에 캐리어 오일을 바른다. 위쪽에서부터 시작해 아래쪽으로 진행한다. 심지에 오일이 묻지 않게 조심한다.
3. 말린 라벤더와 설탕을 양초 위에 골고루 뿌린다. 새로운 우정을 만들고 싶다는 당신의 의도에 집중한다.
4. 종이 위에 친구에게 바라는 것들을 적는다. 종이를 내화성 접시 위에 놓고 그 위에 양초를 놓는다.
5. 양초에 불을 붙인다. 당신의 의도에 집중하며 5~10분 명상하면서 이렇게 말한다.
   "은은하게 빛나는 초승달이여,
   새로운 우정이 쌓이게 해다오."
6. 잊지 말고 불을 끈다.

어긋난 우정을 바로잡는 주문

이미 깨진 것 같은 친구 관계가 있는가? 이 주문은 매듭 마법을 이용해 오랜 친구를 향해 상징적으로 다리를 놓는다. 하지만 꼭 기억하자. 친구(또는 누구에게라도) 그 다리를 건너게끔 강요할 수는 없다는 사실을.

주문을 걸 때:
화요일, 수요일, 금요일

주문에 소요되는 시간:
25분

주문을 걸 장소:
제단

필요한 재료와 도구:
약 45센티미터 길이의 끈 서로 다른 색으로 2개, 가위, (어딘가에 걸 수 있게) 고리나 후크가 달린 작은 종 6개, 분홍색 또는 흰색 티라이트 양초 2개, 라이터 또는 성냥, 사진 2장(하나는 당신의 것, 하나는 친구의 것), 테이프

1. 제단을 깨끗이 청소한다.
2. 첫 번째 종에 끈 2개를 뀐다. 오버핸드 매듭으로 끈을 묶어 종을 고정시킨다. 당신의 의도에 집중한다.
3. 두 번째 종에 2단계 과정을 반복한다. 첫 번째 종의 매듭과 실 끝과의 간격을 확인하고 좌우대칭이 되도록 매듭을 만든다.
4. 양초를 좌우에 각각 하나씩 놓고 불을 붙인다.
5. 사진을 양쪽에 각각 하나씩 놓고 테이프로 붙인다.
6. 종이 달린 끈을 2회 흔들면서 이렇게 말한다.
   "이 종으로 모든 증오를 몰아낸다.
   종을 울릴 때마다 마음을 내려놓고 용서한다.
   이 사진으로 우리는 다시 함께 한다."
7. 주문을 건 후 친구에게 연락한다. 이 주문을 매일 반복한다. 친구와의 유대감이 다시 돈독해질 때까지 제단 위의 사진을 그대로 둔다.

유대감을 강화하는 파티 의식

유대감을 강화하는 데 의례적인 파티만큼 좋은 것은 없다. 안식일, 에스밧, 보름달이 떴을 때 또는 축제 날에 사랑하는 사람을 집으로 초대하자. 파티는 인연이 있는 사람들에게 감사의 마음을 전하고 지금까지 쌓아온 관계를 축복하는 데 가장 좋은 시간이다.

주문을 걸 때:
보름달이 떴을 때, 안식일, 축제 날

주문에 소요되는 시간:
2~3시간

주문을 걸 장소:
부엌 또는 거실

필요한 재료와 도구:
같이 쓸 접시, 축배를 들 술, 라이터 또는 성냥, 흰색 보티브 또는 기둥형 양초 손님 한 명당 한 개씩, 선물(선택)

1. 부엌 또는 거실 공간을 깨끗이 청소한다.
2. 좋아하는 접시와 술을 준비한다.
3. 손님 1명당 1개의 양초를 켠다. 미리 정해진 장소에 양초를 둔다.
4. 손님을 기다리며 이렇게 말한다.
   "오늘밤 우리는 감사함을 나누는 파티를 열 것이다.
   우리는 다 함께 사랑과 웃음을 주고받는다.
   오늘밤 우리의 모든 행동은 여기 모인 사람들을 위한 것이니
   말한 대로 이루어지리라."
5. 사랑하는 사람들이 오면 환영해 주고 함께 파티를 즐긴다. 양초가 타게 두면서 그 공간에 당신의 의도가 가득 차게 한다.
6. 파티가 끝나면 양초 불을 끄고 그 양초를 뒷마당에 묻어 축성의 결과물을 오랫동안 보존한다.

인기있게 해주는 오일

학교 또는 새로운 직장에서의 첫날인가? 다른 사람들의 수용, 인정, 승인을 끌어내는 오일을 이용해 긴장감을 떨쳐내고 부담을 덜어보자. 오일은 피부에 직접 발라도 되고 장신구에 칠해도 된다.

주문을 걸 때:
월요일, 목요일 또는 상현달이나 보름달이 떴을 때

주문에 소요되는 시간:
20분

주문을 걸 장소:
제단 또는 부엌

필요한 재료와 도구:
호호바 오일 또는 아몬드 오일 같은 캐리어 오일 1테이블스푼, 작은 황색 롤러 달린 병 또는 스포이트 병, 재스민 에센셜 오일 2방울, 샌달우드 에센셜 오일 2방울, 말린 장미 꽃잎 1꼬집

1. 제단을 깨끗이 청소한다.
2. 황색 롤러 달린 병에 캐리어 오일을 담는다.
3. 재스민, 장미, 샌달우드 에센셜 오일을 병에 담으며 당신의 의도에 집중한다.
4. 말린 장미 꽃잎 1꼬집을 추가한다.
5. 병뚜껑을 닫은 뒤 두 손에 쥐고 에너지가 병을 에워싸는 모습을 상상한다. 그리고 당신의 의도로 병을 충전한다.
6. 마법이 발동하여 오일이 더 강력해질 때까지 기다린다.
7. 인기를 끌어낼 수 있도록 오일을 피부에 바른다.

믿음의 탑 주문

사랑하는 사람이나 친구와 신뢰를 쌓게 되기까지는 시간과 노력이 많이 든다. 그 신뢰는 하루아침에 만들 수 없으며 저절로 티가 나지도 않는다. 하지만 뒷마당에 탑을 세우는 이 주문을 이용하면 좀 더 쉽게 신뢰를 구축할 수 있다. 활성화된 크리스털을 사용하면 당신의 의도와 에너지를 세상에 표현하는 데 도움이 될 것이다.

주문을 걸 때:
화요일 또는 상현달이 떴을 때

필요한 재료와 도구:
소달라이트, 비슷한 길이의 나무 막대 8개, 지팡이 또는 마법 단검

주문에 소요되는 시간:
30분

주문을 걸 장소:
야외

1. 야외 제단 공간으로 사용할 평평한 곳을 찾는다. 이곳에 탑을 쌓을 것이기 때문에 뒷마당이나 발코니처럼 안전한 곳을 선택해야 한다.
2. 야외 제단 공간을 깨끗이 청소한다.
3. 당신의 의도를 설정한 후 크리스털을 충전하고 당신 앞에 놓는다.
4. 나무 막대 2개를 크리스털 양쪽에 둔다. 하나는 왼쪽, 하나는 오른쪽에 내려놓으며 이렇게 말한다.
   "지탱하기 위해 만들어진 기초."
5. 막대 2개를 첫 번째 막대들 위에 놓는다. 해시태그(#) 모양을 만들며 이렇게 말한다.
   "오래 견디기 위해 만들어진 벽."

6. 막대 2개를 첫 번째 막대와 같은 위치에 놓으며 이렇게 말한다.

   "점점 자라나기 위해 만들어진 유대감."

7. 나머지 막대 2개를 5단계 막대와 같은 위치에 놓으며 이렇게 말한다.

   "지속되기 위해 만들어진 믿음."

8. 이제 크리스털 주변에 막대 탑이 세워졌다. 10분간 명상을 하며 믿음의 에너지를 탑에 채워 넣는다.

9. 신뢰를 쌓고 싶은 시간만큼 탑을 쓰러뜨리지 않고 유지한다.

10. 선택사항: 믿음의 탑과의 연결을 유지하기 위해 매일 명상을 반복한다.

11. 탑이 저절로 쓰러지면 위의 주문 과정을 반복한다.

상황을 받아들이게 하는 부적

혼자만 끙끙대고 있는 문제가 있는가? 사랑하는 사람과 같이 나누고 싶은 것이 있는데 상대가 거절하거나 부정적인 반응을 보일까 봐 걱정하고 있는가? 이 주문은 당신 안에 자신감을 불어넣고 불안을 사라지게 하여, 당신의 상황을 더 쉽게 받아들이도록 도와줄 것이다.

주문을 걸 때:
월요일 또는 초승달이 떴을 때

주문에 소요되는 시간:
15분

주문을 걸 장소:
제단

필요한 재료와 도구:
목걸이나 반지 같은 장신구 1점, 올리브 오일 같은 캐리어 오일 1테이블스푼, 주황색 기둥형 또는 보티브 양초, 타임 1티스푼, 라이터 또는 성냥

1. 제단을 깨끗이 청소한다.
2. 장신구를 정화한다.
3. 검지를 이용해 양초에 캐리어 오일을 바른다. 위쪽에서부터 시작해 아래쪽으로 작업한다. 심지에는 오일이 묻지 않게 조심한다. 그리고 이렇게 말한다.
   "이 동작으로 나는 용기를 끌어모은다."
4. 손가락을 양초 위쪽으로 쓸어 올리면서 이렇게 말한다.
   "이 동작으로 나는 불안을 쫓아낸다."
5. 손가락을 다시 아래로 쓸어내리면서 이렇게 말한다.
   "이 동작으로 나는 이해력을 끌어올린다."
6. 양초 위쪽에 타임을 뿌린다.

7. 양초에 불을 붙이고 당신이 삶에서 성취하고 싶은 것, 드러내 보이고 싶은 것을 생각하며 5분간 명상한다.
8. 양초의 온기 사이로 장신구를 통과시키며 당신의 의도를 장신구에 채워 넣는다. 그리고 이렇게 말한다.

   "이 동작으로 나는 이 장신구에 무엇이든 받아들일 마음가짐을 채워 넣는다."
9. 준비는 끝났다. 이제 용기를 가지고 상황을 의연하게 받아들일 수 있게 장신구를 착용한다.

새로운 친구를 만드는 부적

새로운 친구 관계를 갈망하는가? 새 친구를 찾는 것은 어려운 일이며 나이가 들수록 친구 사귀기는 점점 더 힘들어질 수 있다. 이 주문에서는 손으로 직접 클레이를 만지며 당신의 의도를 부적에 채워 넣을 것이다. 이 과정이 새로운 친구에게 호감을 전하기 위한 당신의 에너지를 증폭시키는 역할을 한다.

주문을 걸 때:
일요일 또는 초승달이 떴을 때

주문에 소요되는 시간:
25분, 추가로 클레이 굽는 시간

주문을 걸 장소:
부엌

필요한 재료와 도구:
카넬리안 크리스털, 오븐, 베이킹용 트레이, 유산지, 2.5센티미터 길이의 폴리머클레이 한 덩이(분홍색, 흰색, 노란색, 주황색), 가위, 폴리머클레이 글루(선택), 꼬챙이, 약 45센티미터 길이의 끈 또는 체인

1. 부엌 공간을 깨끗이 청소한다.
2. 카넬리안을 정화한 뒤 옆에 챙겨둔다.
3. 폴리머클레이의 지시 사항에 따라 오븐을 예열한다.
4. 베이킹용 트레이에 유산지를 깐다.
5. 폴리머클레이가 말랑해질 때까지 손으로 주무른다. 동그란 공 모양으로 빚은 뒤 유산지 위에 놓는다.
6. (지문이 찍히는 걸 방지하기 위하여) 클레이 공 위에 작은 유산지를 올린다. 손으로 클레이를 꾹 눌러 펜던트 모양을 만든다.
7. 유산지를 치우고 클레이에 카넬리안을 박아넣는다. 클레이가 카넬리안의 ¼정도를 덮어야 한다. 펜던트에 광택을 주고 싶다면 폴리머클레이 글

루를 위에 발라준다.

8. 꼬챙이를 이용해 펜던트 위쪽에 0.4~0.5센티미터 크기의 구멍을 만든다.

9. 폴리머 클레이 지시 사항에 따라 펜던트를 오븐에서 구워준다.

10. 펜던트가 구워지는 동안, 새로운 친구를 만들고 싶다는 당신의 의도에 집중하며 명상한다.

11. 오븐에서 펜던트를 꺼낸 뒤 완전히 식힌 다음 끈이나 체인을 연결한다. 목에 두르고 다니거나 지니고 다닌다.

유대감을 강화하는 주문

다른 사람에게 오해를 받거나 잘못 평가받고 있다고 느끼는가? 가족이나 친구와 유대감이 약해진 것 같은가? 6줄 땋기 매듭법으로 친구, 가족, 사랑하는 사람과의 유대감을 강화해 보자.

주문을 걸 때:
수요일, 금요일, 일요일 또는 초승달 뜬 날

주문에 소요되는 시간:
45분

주문을 걸 장소:
제단

필요한 재료와 도구:
라이터 또는 성냥, 분홍색 양초, 20센티미터 길이의 끈 4개, 색색의 비즈(선택)

1. 제단을 깨끗이 청소한다.
2. 양초에 불을 붙이고 유대감과 관계를 강화하고 싶다는 당신의 의도에 집중한다.
3. 끈 3개를 반으로 접은 뒤 네 번째 끈으로 고리를 만들어 묶는다. 그러면 땋을 수 있는 끈이 6개가 만들어진다.
4. 끈 3개는 왼손에, 나머지 3개는 오른손에 쥔다. 왼쪽에서부터 오른쪽까지 순서대로 1~6번 끈이라 칭한다.
5. 가장 오른쪽에 있는 6번 끈을 5번 끈 위를 지나 4번 끈 아래로 통과시킨다. 지금 이 순간 당신의 왼손에는 끈이 4개, 오른손에는 끈이 2개가 있어야 한다.
6. 가장 왼쪽에 있는 1번 끈을 2번 끈 아래를 지나 3번 끈 위로 가게 둔다. 그리고 5단계 후 4번 자리에 온 6번 끈 아래로 통과시킨다. 이제 다시 왼손

에 끈이 3개, 오른손에도 끈이 3개 있어야 한다.

7. 더 이상 땋을 수 없을 때까지 5단계와 6단계를 반복한다. 원한다면 중간 중간 비즈를 꿰어도 좋다. 완성된 매듭은 약 15센티미터가 되어야 한다.

8. 끄트머리에 매듭을 지어 유대감을 강화하고 일체감을 조성하고 싶다는 당신의 의도를 봉인한다. 삐져나온 끈은 잘라서 다듬는다.

9. 20분간 명상을 하며 당신이 실현시키고자 하는 바를 상상한다.

10. 일체감을 위한 매듭을 원하는 기간만큼 곁에 둔다.

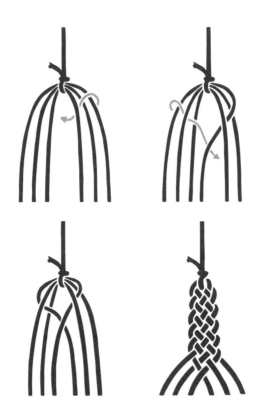

균열을 막는 주문

점점 심각해져 가는 논쟁의 한 가운데에 있는가? 아끼는 상대와 당신 간의 균열을 막고 싶은가? 이 주문은 서로 논쟁하는 사람들 사이에 공감 능력과 용서를 불어넣을 것이다. 하지만 여기서 중요한 점은 이 주문이 누군가의 마음을 바꿔놓지는 못한다는 것이다. 이 주문은 오로지 양쪽 모두 앞으로 나아갈 마음의 준비가 되었을 때에만 작용할 수 있다.

주문을 걸 때:
화요일, 수요일, 금요일

주문에 소요되는 시간:
30분

주문을 걸 장소:
제단

필요한 재료와 도구:
주술 인형을 만들 정사각형 천 2장, 바늘, 실, 충전용 폴리에스터 솜 또는 코튼볼, 논쟁에 연루된 사람의 사진 각 1장씩, 또는 그들의 이름이 적힌 종이, 연필, 가위, 라벤더 1티스푼, 정향 1티스푼, 캣닙 1티스푼, 라이터 또는 성냥, 파란색 양초, 꿀 1테이블스푼 또는 긴 끈

1. 제단을 깨끗이 청소한다.
2. 천, 바늘, 실, 솜을 정화한다.
3. 논쟁에 연루된 사람들의 사진을 제단 위에 놓는다.
4. 천 2장에다 첫 번째 인형의 앞면과 뒷면 외곽선을 각각 그린다. 가위로 모양에 맞게 잘라낸다.
5. 잘라낸 천을 안감이 밖으로 나오게 맞댄다. 외곽선을 따라 바느질을 하여 인형을 만든다. 몇 센티미터를 남겨두고 인형을 뒤집어 바늘땀을 숨긴다.
6. 4~5단계를 반복하여 논쟁에 참여하고 있는 사람들의 수대로 인형을 하나씩 만든다.
7. 인형 안에 솜, 라벤더, 정향, 캣닙을 채워 넣는다.

8. 솜구멍을 바느질로 막고 완성된 인형을 제단 위에 놓는다.

9. 양초에 불을 붙이고 5분간 당신의 의도에 집중하며 명상한다.

10. 인형을 차례로 쌓는다. 꿀을 이용해 인형끼리 떨어지지 않게 한다. 꿀은 감정을 부드럽게 풀어주고 서로 간의 갈등을 해결해 준다. 꿀을 사용하고 싶지 않다면 대신 끈을 이용해 인형을 같이 묶어주면 된다.

11. 꿀을 이용했다면 벌레가 꼬이지 않도록 인형을 밀봉된 용기에 담아 제단 위에 보관한다.

12. 서로의 불화가 해결될 때까지 인형을 함께 둔다.

잃어버린 물건을 찾는 주문

장난꾸러기 영혼이 당신을 놀리고 있는 것 같은가? 무언가를 제자리에 두지 않았나? 이 주문을 사용하면 잃어버린 물건의 위치를 찾을 수 있다. 다만 이 주문을 위해서는 연습과 집중이 필요하니, 첫 번째 시도로 성공하지 못하더라도 너무 걱정하지 말자.

주문을 걸 때:
목요일 또는 그믐달, 초승달이 떴을 때

주문에 소요되는 시간:
15분

주문을 걸 장소:
제단

필요한 재료와 도구:
철사, 금속 체인 또는 끈, 클리어쿼츠 크리스털, 철사 절단기, 펜과 종이, 라이터 또는 성냥, 갈색 양초

1. 제단을 깨끗이 청소한다.
2. 철사, 금속 체인, 클리어쿼츠를 이용해 추를 만든다. 먼저 클리어쿼츠가 빠져나오지 못하게 철사로 꽁꽁 감싼다. 그런 다음 철사의 한쪽 끝을 꼬아 고리를 만든다. 남는 철사는 잘라버리고 체인을 고리에 통과시킨다. 미리 만들어놓은 추가 있다면 그걸 사용해도 좋다.
3. 이미 답을 알고 있는 질문을 하여 추를 길들인다. 마음을 비우고 엄지와 검지로 체인 끝을 쥐어 추가 흔들리게 한다. 동쪽과 서쪽으로 움직이는 것은 '예', 북쪽과 남쪽으로 움직이는 것은 '아니요', 원을 그리는 것은 '어쩌면'을 뜻하는 것이라고 미리 약속을 한다. 질문을 하면서 추를 대답에 맞춰 흔든다.
4. 펜과 종이로 집의 평면도를 대강 그린다.

5. 양초에 불을 붙인다.
6. 추를 손에 쥐고 당신의 의도를 충전한다. 잃어버린 물건을 상상한다.
7. 평면도 위에서 추를 들고 "내 물건이 부엌에 있나요?" 같은 질문을 던지기 시작한다. 집의 각 공간에 대해 질문을 반복한다. 추가 어떻게 흔들리는지 결과를 기록한다. 추의 대답을 바탕으로 물건을 찾아본다.

7장
건강과 치유

for new witches

건강과 치유를 위한 주문은 질병과 싸우고 정신적, 육체적 에너지를 회복하는 데 도움을 주기 위한 것이다. 이 주문들이 병에 걸리는 것 자체를 막아주지는 못하지만, 건강을 촉진하거나 병으로부터 당신을 방어해 줄 수는 있다. 이 주문은 수분 섭취, 영양이 풍부한 식사, 충분한 수면 같은 기본적으로 건강한 습관과 병행해 주어야만 한다. 치유의 주문은 즉각적으로 효과가 나타나는 것이 아니라 시간이 오래 걸린다. 그러니 인내심을 갖고 절대 포기하지 않는 것이 중요하다.

치유 에너지를 강화하는 양초

감기에 걸릴 것 같은 느낌인가? 기침이 떨어지지 않는가? 이 양초 주문은 치유 에너지를 끌어올려 당신을 괴롭히는 질병에 맞서 싸울 수 있게 해 준다. 여기서는 새로운 활력을 주고 치유를 도와주는 파란 양초를 활용한다.

주문을 걸 때:
수요일 또는 상현달이 떴을 때

주문에 소요되는 시간:
첫날엔 35분, 그 후 6일간은 10분씩

주문을 걸 장소:
제단

필요한 재료와 도구:
조각용 칼, 건강을 위한 마법 인장(선택), 파란색 기둥형 양초, 접시, 라이터 또는 성냥

1. 제단을 깨끗이 청소한다.
2. 칼로 양초에 '건강'이라는 단어를 쓴다. 그렇지 않으면 건강 관련 마법 인장을 새겨도 된다. '치유의 마법 인장' 만드는 법을 따르고(177쪽 참고) '치유' 대신 '건강'이라고 쓰면 된다.
3. 접시 위에 양초를 놓고 불을 붙인다. 양초를 치유의 속성으로 충전하려는 당신의 의도에 집중하며 10분간 명상한다. 그러면서 이렇게 말한다.
   "이 질병을 불꽃 속으로 보내버리니
   더 이상 내 건강을 앗아가지 말지어다."
4. 불을 끈다.
5. 같은 양초를 이용해 일주일간 매일 한 번씩 같은 명상을 한다. 필요한 만큼 반복한다.

치유의 문워터

물은 생명에 필수적이다. 물의 생명 유지 속성을 존중하고 그 속성을 그대로 전달받기를 원할 때, 마법이 충전된 물을 마시는 것보다 더 좋은 방법이 있을까? 물에 에너지를 채워 넣는 방법은 다양하다. 이 주문의 경우에는 달의 에너지를 이용할 것이다.

주문을 걸 때:
보름달이 떴을 때

필요한 재료와 도구:
쿼츠 크리스털 3~5개, 커다란 물병

주문에 소요되는 시간:
15분, 추가로 하룻밤 동안 충전하기

주문을 걸 장소:
야외 또는 달빛이 들어오는 창가

1. 물을 충전할 공간을 깨끗이 청소한다.
2. 물병 주위에 쿼츠 크리스털을 놓는다. 이 크리스털이 보름달의 에너지를 증폭시킬 것이다.
3. 물병을 들고 빙빙 돌리며 이렇게 말한다.
   "생명의 물이 보름달 아래에서 충전되어
   치유의 빛으로 가득 채워지리니."
4. 하룻밤 사이 물과 크리스털이 충전되도록 내버려 둔다.
5. 다음날 또는 한 달 내내, 그 물을 마신다.

회복을 위한 빛 주문

아프거나, 울적하거나, 지치는가? 태양의 에너지를 이용해 당신의 고통, 괴로움, 아픔을 씻어낼 수 있다. 이 주문은 태양을 상징하는 오브제와 양초에 태양의 에너지를 주입하여 여러분이 회복을 위해 박차고 나올 수 있게 도와준다.

주문을 걸 때:
수요일 동틀녘

주문에 소요되는 시간:
15분

주문을 걸 장소:
야외

필요한 재료와 도구:
노란색 양초, 올리브 오일 같은 캐리어 오일 1테이블스푼, 말린 로즈메리 1티스푼, 라이터 또는 양초, 태양을 상징하는 오브제 또는 스톤 그리고 네임펜

1. 야외 제단 공간을 지정하고 깨끗이 청소한다.
2. 캐리어 오일을 양초에 바른다. 손가락으로 아래에서 위로 오일을 바르며 당신이 제거하고 싶은 것을 생각한다. 심지에 오일이 묻지 않도록 조심한다.
3. 로즈메리를 양초 위에 뿌려 건강과 치유의 속성을 양초에 불어넣는다.
4. 양초에 불을 붙이고 그 연기에 태양을 상징하는 오브제를 통과시킨다. 오브제가 없다면 직접 스톤 위에 태양을 상징하는 그림을 그린다.
5. 명상을 하며 해가 뜨기를 기다린다. 정화의 햇빛을 오브제 혹은 스톤에 담는다.

치유의 목욕 의식

좀처럼 감기가 떨어지지 않는가? 스트레스 때문에 몸이 아픈 느낌인가? 치유의 목욕 의식은 새롭게 리셋 버튼을 눌러 몸이 다시 치유될 수 있도록 기회를 줄 것이다. 파란색 양초와 엡섬솔트의 치유 에너지를 이용해 몸의 긴장을 풀어준다.

주문을 걸 때:
수요일 또는 보름달이 떴을 때

주문에 소요되는 시간:
30분

주문을 걸 장소:
욕실

필요한 재료와 도구:
엡섬솔트 1컵, 유칼립투스 에센셜 오일 3방울, 페퍼민트 에센셜 오일 3방울, 라이터 또는 양초, 파란색 기둥형 양초

1. 욕실을 깨끗이 청소한다.
2. 욕조에 미온수 또는 온수를 받으며 엡섬솔트, 유칼립투스, 페퍼민트 에센셜 오일을 추가한다.
3. 욕조에 물을 채우는 동안 양초에 불을 붙이고 근처 안전한 장소에 초를 놓아둔다.
4. 20분간 물에 몸을 담근다. 그동안 치유하고 싶은 것들에 에너지를 집중한다. 목욕물이 여러분의 몸에 에너지를 불어넣는 걸 느껴보자.
5. 20분 후, 목욕물을 빼고 촛불을 끈다.

지친 당신을 위한 불꽃 주문

지친 기분이 드는가? 정신적, 신체적, 감정적으로 무언가 어긋난 느낌인가? 불이라는 원소를 이용하는 이 주문을 통해 당신(또는 사랑하는 사람)의 권태, 피로, 번아웃을 태워 없앨 수 있다.

주문을 걸 때:
수요일

주문에 소요되는 시간:
주문을 지속하는 동안 매일 15분씩

주문을 걸 장소:
제단

필요한 재료와 도구:
치유가 필요한 사람의 사진, 네임펜, 내화성 접시, 파란색 보티브 양초, 빻은 세이지 1티스푼, 라이터 또는 성냥

1. 제단을 깨끗이 청소한다.
2. 네임펜으로 사진 속 치유가 필요한 사람 주위에 원을 그린다. 정신적 탈진 상태를 치유하고 싶다면 머리, 감정적 탈진 상태를 치유하고 싶다면 가슴 부위에 원을 그린다.
3. 사진을 내화성 그릇 위에 올린다. 그리고 그 위에 양초를 올린다.
4. 에너지를 끌어올리면서 양초 위에 세이지를 뿌린다.
5. 양초에 불을 붙이고 15분 동안 타게 내버려 둔다. 눈을 감고 회복과 치유에 집중한다.
6. 초가 다 타서 없어질 때까지 매일 이 주문을 반복한다.

숙면을 위한 향주머니

너무 아파서 다른 치유 주문에 쏟을 에너지도 부족한가? 그렇다면 잠자는 시간을 활용해 보자. 이 허브 향주머니는 만들기 쉽고 간단하며, 주머니가 당신의 병을 흡수하는 마법을 부리는 동안 당신은 깊고 편하게 잠을 잘 수 있다.

주문을 걸 때:
수요일 또는 하현달이 떴을 때

주문에 소요되는 시간:
10분, 추가로 하룻밤

주문을 걸 장소:
제단

필요한 재료와 도구:
20센티미터 길이의 정사각형 파란색 천, 말린 캐모마일 2티스푼, 샌달우드 칩 2티스푼, 카옌페퍼 2티스푼, 말린 로즈메리 2티스푼, 파란색 끈

1. 제단을 깨끗이 청소한다.
2. 천을 펼쳐놓고 캐모마일, 샌달우드 칩, 카옌페퍼, 로즈메리를 하나씩 넣으며 이렇게 말한다.
   "나는 내 생각보다 강하다.
   이 향주머니로 나는
   잠깐의 잠으로도 회복될 수 있는
   치유 방법을 만들어 낸다."
3. 천 모서리를 한데 모아 끈으로 묶어서 향주머니를 봉해준다. 재료들이 내뿜는 에너지를 상상한다.
4. 잠자리에 들기 전 향주머니에서 나는 냄새를 들이마시며 치유된 자신의 모습을 상상한다. 향주머니는 자는 동안 베개 아래 혹은 옆에 둔다.
5. 몸이 안 좋을 때마다 밤에 4단계를 반복한다.

치유의 달 목걸이

보름달의 에너지로 자신을 치유해 보자. 이 주문에서는 달 에너지가 충전된 목걸이를 만들어 당신의 치유 의도를 증폭시켜볼 예정이다. 크리스털이나 나무로 만든 목걸이는 이 주문의 효과를 더 풍부하게 만들어 줄 수 있다. 목걸이가 없다면 나무나 크리스털 펜던트가 달린 끈을 이용할 수도 있다.

주문을 걸 때:
보름달이 떴을 때

주문에 소요되는 시간:
15분, 추가로 하룻밤

주문을 걸 장소:
제단

필요한 재료와 도구:
흰색 또는 파란색 보티브 또는 기둥형 양초, 유칼립투스 에센셜 오일 2방울, 라이터 또는 성냥, 나무 또는 크리스털로 만든 목걸이(혹은 펜던트)

1. 제단을 깨끗이 청소한다.
2. 유칼립투스 오일을 양초에 바른다. 심지에 오일이 닿지 않게 조심한다.
3. 양초에 불을 붙이고 치유의 에너지를 상상하는 데 집중한다.
4. 양초 연기 사이로 목걸이를 통과시키며 이렇게 말한다.
   "이 목걸이에 치유의 빛을 불어넣고
   보름달의 에너지 아래 충전을 하니
   오늘밤 이후로 나는 병들지 않는다."
5. 두 손에 목걸이를 쥐고 당신의 에너지가 목걸이에 채워지는 걸 느낀다. 치유 에너지가 필요할 때마다 목걸이를 착용한다.
6. 양초 불을 끄고 달빛이 비치는 창가에 목걸이를 놓는다.
7. 보름달이 뜰 때마다 목걸이를 재충전한다.

활력을 주는 바디 크림

병이나 고통을 겪은 후라면 원래 활력 있는 상태로 몸을 되돌려 놓자. 이 다목적 바디 크림은 통증, 멍, 긁힌 상처, 건조한 피부 또는 발진에 사용할 수 있다. 친구나 사랑하는 사람을 위한 선물로도 아주 좋다.

주문을 걸 때:
수요일 또는 초승달이 떴을 때

주문에 소요되는 시간:
1시간 40분

주문을 걸 장소:
부엌

필요한 재료와 도구:
중탕용 냄비 또는 크기가 다른 냄비 2개와 도자기 그릇, 시어버터 또는 코코아버터 1컵, 코코넛 오일 ½컵, 아몬드 오일 같은 캐리어 오일 ½컵, 라벤더 에센셜 오일 20방울, 핸드 믹서 또는 거품기, 뚜껑 달린 중간 크기 유리병

1. 부엌 공간을 깨끗이 청소한다.
2. 중탕용 냄비를 중불에 올린다. 중탕용 냄비가 없다면 중간 크기 냄비에 물을 담고 그 안에 도자기 접시를 거꾸로 뒤집어 넣어 접시가 물 위로 6~7밀리미터 올라오게 한다. 뒤집은 접시 위에 작은 냄비를 얹는다. 작은 냄비는 물에 닿지 않게 한다.
3. 시어버터, 코코넛 오일, 캐리어 오일을 중탕용 냄비 또는 작은 냄비 안에 넣고 완전히 녹을 때까지 계속해서 저어준다. 다 녹으면 불에서 내리고 1분 정도 식힌다.
4. 라벤더 오일을 첨가한 후 잘 저으며 당신의 의도에 집중한다. 이렇게 만든 혼합물을 냉장고에서 1시간 정도 굳힌다.
5. 냉장고에서 꺼낸 혼합물을 핸드 믹서나 거품기로 저어 뽀얗게 부풀린다. 다시 냉장고에 넣어 15분 정도 굳힌다.
6. 뚜껑 달린 유리병에 보관한다. 24도 정도의 온도에 보관한다.

맑은 숨결을 전하는 오일 밤

이 오일 밤으로 기침, 감기, 가래를 몰아내자. 유칼립투스를 이용하는 이 간단하고 신속한 주문은 감기와 호흡기 질환에 인기 있는 치료법이다. 민감한 피부라면 먼저 소량으로 테스트를 해보는 게 좋다.

주문을 걸 때:
수요일 또는 초승달, 상현달이 떴을 때

주문에 소요되는 시간:
20분

주문을 걸 장소:
부엌

필요한 재료와 도구:
코코넛 오일 2테이블스푼, 45밀리리터 용량의 뚜껑 달린 유리병, 유칼립투스 에센셜 오일 6방울

1. 제단을 깨끗이 청소한다.
2. 유리병에 코코넛 오일을 넣는다. 코코넛 오일이 고체형이라면 내열 용기에 넣어 완전히 녹을 때까지 전자레인지에 30초씩 끊어서 돌린다. 끓어 넘치지 않게 조심한다.
3. 당신의 의도에 집중하며 유리병에 유칼립투스 에센셜 오일을 추가한다.
4. 혼합물을 저으며 이렇게 말한다.
   "나는 흉부를 치유하는 에너지를
   이 오일에 채워 넣는다.
   지긋지긋한 우울함이 물러가기를.
   부디 내 요청이 이루어지기를."
5. 혼합물을 냉장고에 넣어 굳힌다.
6. 사용할 때는 아픈 부위에 소량을 바른다.

불안을 없애는 주문

불안은 누구에게라도 몰래 다가올 수 있다. 그러므로 불안이 통제 불가능할 정도로 퍼지기 전에 그것을 해결하는 법을 배우는 것이 중요하다. 당신에겐 이미 불안을 통제할 수 있는 능력이 있으니 그 능력을 그라운딩 주문에 활용해 보자. 필요한 것은 시트린 크리스털뿐이다.

주문을 걸 때:
언제나

필요한 재료와 도구:
시트린 크리스털

주문에 소요되는 시간:
15분

주문을 걸 장소:
제단

1. 제단을 깨끗이 청소한다.
2. 편안한 자세를 잡고 주로 쓰는 손에 시트린을 쥔 다음 눈을 감는다.
3. 심호흡을 하면서 당신의 정수리에 치유의 빛이 동그랗게 떠 있는 모습을 상상한다. 그 구 모양 빛이 몸으로 들어가는 모습, 척추 아랫부분을 지나며 몸속 불안을 몸 밖으로 끌어당기는 모습을 상상한다.
4. 동그란 빛이 모든 불안을 끌어모았다면 그것을 몸 밖으로 끄집어내 땅으로 보내는 장면을 마음속으로 그려본다.

고통을 치유하는 크리스털 그리드

고통은 신체적, 정신적, 감정적 형태로 다양하게 다가온다. 이때 크리스털이 치유와 회복의 에너지를 줌으로써 고통을 잘 다룰 수 있게 도와줄 수 있다. 이 치유의 그리드는 치유의 속성이 있는 다양한 크리스털을 이용한다.

주문을 걸 때:
초승달, 보름달이 떴을 때

주문에 소요되는 시간:
30분

주문을 걸 장소:
제단 또는 달빛 아래 야외

필요한 재료와 도구:
펜과 종이, 클리어쿼츠 4개, 시트린 3개, 터콰이즈 3개, 페리도트 3개, 지팡이 또는 마법 단검

1. 제단 또는 야외 공간을 깨끗이 청소한다.
2. 펜과 종이를 이용하여 마음에 드는 그리드 형태를 그린다. 아직 크리스털을 그리드에 놓지는 않는다. 그건 4단계에서 할 예정이다.
3. 양손에 크리스털을 쥐고 당신의 에너지와 의도가 크리스털과 합쳐지는 모습을 상상한다. "나는 내 고통을 치유하고 흡수하기 위하여 이 크리스털을 충전한다"라고 말하며 당신의 선택에 대해 확언을 해 준다.
4. 2단계에서 그렸던 그리드에 크리스털을 배치해 준다. 가운데 큰 크리스털부터 시작해 바깥쪽으로 진행해 나간다.
5. 지팡이나 마법 단검을 이용하여 그리드를 활성화시킨다. "나는 이 그리드를 연결하여 통증을 몰아내고 고통으로부터 나를 보호할 것이다"라고 말하면서 당신의 에너지로 각각의 크리스털을 다 같이 연결시킨다.

6. 편하게 앉아서 눈을 감고, 15분 동안 의도에 집중하며 명상한다.
7. 원하는 기간 동안 그리드를 그대로 유지한다. 2~3일에 한 번씩 각각의 크리스털을 다시 연결시키며 여러분의 의도를 큰 소리로 말한다.

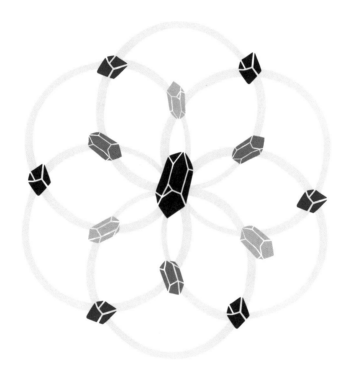

새로운 시작을 위한 물약

병에 걸려 고생했는가? 그래서 당신의 몸에 재시작 버튼이 있으면 좋겠다고 생각했는가? 초승달과 블러드 스톤을 사용하는 이 주문이 원하는 대로 해줄 수 있다. 이 주문은 이전까지 생활을 마무리하고 새로운 시작을 할 수 있게 도와준다.

주문을 걸 때:
초승달이 떴을 때

주문에 소요되는 시간:
30분

주문을 걸 장소:
제단 또는 부엌

필요한 재료와 도구:
실온의 증류수 또는 끓인 후 식힌 수돗물 4컵, 뚜껑이 있는 유리병, 말린 쐐기풀 1테이블스푼, 말린 버베나 1테이블스푼, 블러드 스톤, 면포 또는 체, 마실 물(선택)

1. 제단 또는 부엌 공간을 깨끗이 청소한다.
2. 커다란 유리병에 물을 붓는다.
3. 쐐기풀과 버베나를 넣고 뚜껑을 닫는다.
4. 유리병 뚜껑 위에 블러드 스톤을 얹고 새로운 재시작을 도와줄 에너지를 불어넣는다.
5. 눈을 감고 초승달 아래에서 당신의 의도에 집중한다.
6. 물약이 밤새 우러나도록 둔다.
7. 체에 거른 뒤 이 물을 마시거나, 초승달의 에너지가 둘러쌀 수 있도록 집 주변에 뿌린다.

치유의 마법 인장

맞춤형 치유의 마법 인장을 만들어 다양한 치유 주문에 사용해 보자. 인장은 양초에 새길 수도, 스톤에 그려 넣을 수도, 주술 인형이나 부적 주머니에 자수로 새겨 넣을 수도 있다. 인장을 완벽하게 만들려고 너무 애쓰지 않아도 된다. 중요한 것은 하나밖에 없는 당신만의 인장을 만드는 것이다.

주문을 걸 때:
수요일 또는 초승달이 떴을 때

필요한 재료와 도구:
파란색 네임펜, 종이, 납작한 스톤 또는 나무 조각(선택), 벤더 향 또는 대빗자루

주문에 소요되는 시간:
10분

주문을 걸 장소:
제단

1. 제단을 깨끗이 청소한다.
2. 당신의 의도에 집중한다. 종이에 '치유' 또는 유사한 단어를 쓴다.
3. 단어를 직선, 곡선, 점 등 기본 획으로 해체한다. 아까 쓴 글자 밑에 이 획들을 나열한다.
4. 같은 종이에다 이 획들을 조합하여 원하는 모양의 외곽선을 그린다. 이것이 바로 치유의 마법 인장이 된다.
5. 같은 종이에 당신의 의도를 가득 담아 마법 인장을 다시 그린다.
6. 부적으로 만들고 싶다면 스톤이나 나무 조각 위에 인장을 그린다. 향을 피우고 그 연기 사이로 부적을 통과시켜 정화한다. 향 대신 대빗자루를 사용해도 좋다. 부적을 두 손에 쥐고 당신의 의도에 집중하면서 부적을 활성화시킨다.

치유의 주술 인형

주술 인형은 공감의 마법을 걸 때 유용한 도구로, 질병을 예방하는 건강 관리에 활용하기 좋다. 주술 인형은 당신과의 교감을 만들어서 당신이 의도에 충실할 수 있게 도와준다. 사랑하는 사람에게 사용해도 치유의 에너지를 강화시킬 수 있다.

주문을 걸 때:
일요일 또는 초승달이나 보름달이 떴을 때

주문에 소요되는 시간:
30분

주문을 걸 장소:
제단

필요한 재료와 도구:
정사각형 파란 천 2장, 바늘, 실, 충전용 폴리에스터 솜 또는 코튼볼, 연필, 가위, 말린 레몬밤 1티스푼, 말린 카렌듈라 1티스푼, 블랙페퍼 1티스푼, 작은 소지품

1. 제단을 깨끗이 청소한다.
2. 천, 바늘, 실, 솜을 정화한다.
3. 천 2장에 인형의 앞면과 뒷면 외곽선을 그린다. 가위로 모양에 맞게 잘라낸다.
4. 잘라낸 천을 안감이 밖으로 나오게 맞댄다. 외곽선을 따라 바느질을 하여 인형을 만든다. 몇 센티미터를 남겨두고 인형을 뒤집어 바늘땀을 숨긴다.
5. 인형 안에 솜, 레몬밤, 카렌듈라, 블랙페퍼를 채워 넣는다. 각 재료를 넣을 때마다 재료에 에너지를 충전한다.
6. 인형 안에 당신의 소지품을 추가한다. 머리카락 한 올, 낡은 핀이나 리본, 당신이 쓰던 물건이라면 다 괜찮다. 입구를 바느질로 막는다.
7. 주술 인형을 제단 위에 둔다. 당신이 치유하고 싶은 신체 부위에 에너지

를 집중시킨다. 당신의 에너지가 인형의 해당 부위를 에워싼다고 상상한
다. 10분간 명상하며 이렇게 말한다.

"치유의 빛이여, 에워싸라.
회복의 에너지여, 둘러싸라."

8. 치유의 에너지가 필요할 때마다 7단계를 반복한다.

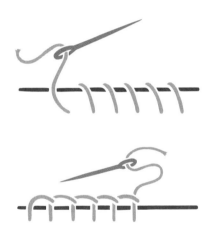

치유의 에너지를 강화하는 주문

당신의 치유 주문을 더욱 강화하고 싶을 때 거울이 도움을 줄 수 있다. 이 강력한 주문은 거울, 크리스털, 파란색 양초, 로즈메리 에센셜 오일을 이용해 당신이나 사랑하는 사람에게 도움이 되는 치유의 에너지를 만들어 낸다.

주문을 걸 때:
보름달이 떴을 때

주문에 소요되는 시간:
35분

주문을 걸 장소:
제단

필요한 재료와 도구:
손에 들고 쓰는 거울, 커다란 내화성 접시, 펜과 종이, 파란색 기둥형 양초, 로즈메리 에센셜 오일 3방울, 쿼츠 크리스털 또는 다른 치유의 스톤 4개, 라이터 또는 성냥, 마법 단검 또는 지팡이

1. 제단을 깨끗이 청소한다.
2. 제단 위에 커다란 내화성 접시를 놓고 그 위에 거울의 비치는 면이 위로 가게 둔다.
3. 치유가 필요한 사람의 이름을 종이에 적는다.
4. 거울 위에 종이를 내려놓는다. 필요 시 거울 크기에 맞게 종이를 접는다.
5. 종이와 거울 위에 양초를 내려놓는다. 양초에 로즈메리 에센셜 오일을 바르며 당신의 의도에 집중한다. 심지에 오일이 묻지 않게 조심한다.
6. 거울, 종이, 양초 주변에 다이아몬드 대형으로 쿼츠 크리스털을 배치한다. 동서남북은 각각 4원소를 상징한다.
7. 양초에 불을 붙이고 당신의 욕망과 의도에 집중하며 10분간 명상을 한다.
8. 눈을 뜬다. 지팡이나 마법 단검으로 각각의 크리스털을 시계방향으로 돌

아가며 가리킨다. 그리고 이렇게 말한다.

"이 양초로 나는 모든 아픔과 혼란을 물리친다.

이 크리스털로 나는 모든 질병을 한데 모아 제거한다.

이 거울로 나는 치유의 에너지를 확장하고 증폭시킨다."

9. 양초를 켜놓은 채로 당신의 의도, 주문을 향한 에너지에 집중하면서 20분간 명상한다. 촛농이 종이와 거울 위로 떨어지게 한다.

10. 양초와 종이를 땅에 묻는다.

멀리 떨어진 사람을 치유하는 주문

치유가 필요한 사람이 집을 떠나 있거나 당신과 멀리 떨어져 있다면, 먼 거리에서 원격으로 치유를 시도해 볼 수 있다. 이 주문 방법은 크리스털 마법 지팡이 또는 팜스톤을 사용한다.

주문을 걸 때:
수요일 또는 상현달이 떴을 때

주문에 소요되는 시간:
45분

주문을 걸 장소:
편안함을 느낄 수 있는 곳 어디나

필요한 재료와 도구:
베개 또는 명상 쿠션(선택), 라이터 또는 성냥, 보라색 양초, 크리스털 마법 지팡이(클리어쿼츠, 로즈쿼츠, 셀레나이트 사용) 혹은 팜스톤

1. 원격 치유를 시도할 공간을 깨끗이 청소한다.
2. 베개나 명상 쿠션이 있다면 편안하게 깔고 앉는다.
3. 영적 능력을 증진시키고 치유의 의도에 집중할 수 있도록 양초에 불을 붙인다.
4. 주로 쓰는 손에 크리스털 마법 지팡이를 가볍게 쥐고 지팡이의 에너지와 접속한다. 다른 손은 손바닥이 위로 가게 펼쳐놓는다.
5. 눈을 감고 명상 상태에 빠져들 때까지 심호흡을 한다.
6. 당신의 에너지에 집중하여 에너지를 크리스털 방향으로 보낼 수 있게 한다. 당신의 에너지가 크리스털의 에너지와 연결되고 합쳐지도록 한다.
7. 치유 에너지를 전달하고 싶은 사람을 마음속으로 그린다.
8. 지팡이를 앞뒤로 움직이면서, 치유의 에너지가 그 사람을 쓸고 지나가는 모습을 상상한다. 당신의 의도에 집중한다.

9. 다 끝났으면 남은 에너지는 그라운딩을 통해 배출하고, 당신의 에너지가 원래 상태로 돌아왔다고 느껴질 때까지 심호흡을 한다.

치유의 에너지 파우치

이 파우치는 신체적, 감정적, 정신적 치유에 도움이 필요한 것 같다고 느낄 때마다 사용할 수 있다. 파란색이 치유와 관련 있는 색이기 때문에 파우치 만들 천, 양초, 크리스털 등 주문에 사용되는 것들은 모두 파란색을 이용한다.

주문을 걸 때:
월요일 또는 일요일

주문에 소요되는 시간:
양초가 타는 시간에 따라 3~5시간

주문을 걸 장소:
제단

필요한 재료와 도구:
길이가 12센티미터 정도인 정사각형 파란 천 2장, 바늘, 파란 실, 라이터 또는 성냥, 파란 티라이트 양초, 정향 4개, 신선한 장미 꽃잎 4장, 파란 크리스털 또는 스톤 1개(없다면 클리어쿼츠 크리스털로 대체 가능)

1. 제단을 깨끗이 청소한다.
2. 천의 안감이 밖으로 나오게 맞댄다.
3. 바늘과 실을 이용하여 천 둘레를 따라 바느질하여 파우치를 만든다. 뒤집어서 바늘땀을 숨길 수 있게 몇 센티미터 남겨둔다.
4. 양초에 불을 붙이고 조용히 앉아 당신이 건강하다고 상상한다.
5. 정향, 장미 꽃잎, 크리스털을 차례대로 파우치에 넣으며 이렇게 말한다.
   "이 정향으로 나는 치유한다.
   이 장미 꽃잎으로 나는 치유한다.
   이 크리스털로 나는 치유한다."
6. 입구를 바느질로 막으며 당신의 의도를 파우치 안에 봉인한다.
7. 눈을 감고 푸른 치유 에너지가 파우치에서 흘러 나와서 당신의 몸을 감싸

는 모습을 상상한다.

8. 타들어 가는 양초가 당신의 아픔을 없애준다고 생각하며 다 탈 때까지 기다리거나, 적당한 상태에서 불을 끈다. 남은 양초는 다른 용도로는 사용하지 않는다.

8장
보호와 용서

for new witches

주문의 가장 오래된 형태 중 하나인 보호 마법은 우리 자신을 방어하는 데 도움을 준다. 용서 마법은 우리가 현재를 살아가면서 내면의 평화를 찾을 수 있게 해준다. 이 두 종류의 마법은 둘 다 안전에 대한 의식이 필요하다는 점에서 공통적이다. 이번 장에서는 당신 자신, 당신의 집, 주변 사람들을 보호하고 평화를 지켜나가는 법을 배우게 될 것이다.

집을 보호하는 세정제

보호는 집에서부터 시작된다. 이 세정제를 이용하면 악의에 찬 영혼,
원치 않는 의도, 그 외의 해로움으로부터 집을 보호하고 지킬 수 있다.
효과를 더 높이기 위해서는 새로운 계절이 시작될 때마다 새 세정제를
만들어야 한다.

주문을 걸 때:
토요일 또는 그믐달이 떴을 때

주문에 소요되는 시간:
10분, 추가로 청소 시간

주문을 걸 장소:
부엌

필요한 재료와 도구:
물 4컵, 양동이, 식초 1컵, 베르가모트 에센
셜 오일 12방울, 제라늄 에센셜 오일 12방
울, 손걸레

1. 부엌 공간을 깨끗이 청소한다.
2. 물을 한 냄비 끓여 불순물을 제거한다. 정화된 물을 깨끗한 양동이에 붓
   는다.
3. 양동이에 식초를 넣는다.
4. 당신의 의도에 집중하며 베르가모트, 제라늄 에센셜 오일을 추가한다.
5. 양동이를 3회 저으며 이렇게 말한다.

   "양동이를 이렇게 세 번 저으면
   집의 벽과 바닥이 보호될지어다."
6. 이 세정제로 집의 창문과 문을 닦아준다.

액막이 소금

원치 않는 에너지나 영혼이 당신의 경계를 침범하는 것 같은가? 경계를 보호하는 소금을 이용해 공포를 극복해 보자. 이 주문은 당신의 집 주변에 장벽을 만들어 달갑지 않은 힘으로부터 자신을 보호할 수 있게 해 준다.

주문을 걸 때:
토요일 또는 초승달이 떴을 때

주문에 소요되는 시간:
15분, 추가로 소금 뿌리는 시간

주문을 걸 장소:
제단 또는 부엌

필요한 재료와 도구:
일반 소금 1컵, 340밀리리터 용량의 뚜껑 달린 유리병, 말린 바질 1티스푼, 빻은 정향 1티스푼, 빻은 쿠민 1티스푼, 블랙페퍼 1티스푼, 앞선 주문에서 사용한 재 1티스푼(121쪽)

1. 제단 또는 부엌 공간을 깨끗이 청소한다.
2. 유리병에 소금을 넣는다.
3. 바질, 정향, 쿠민, 블랙페퍼, 재를 추가한다. 재료를 차례로 넣으며 이렇게 말한다.
   "바질이여, 방어하라.
   정향이여, 지켜라.
   쿠민이여, 막아라.
   블랙페퍼여, 가려라.
   재여, 보호하라."
4. 뚜껑을 닫고 흔들어 섞어준다.
5. 소금 혼합물을 집 주변에 일직선으로 뿌려준다. 뿌린 소금 선이 끊어지지 않았는지 수시로 확인한다. 선이 끊어졌다면 주문을 반복한다.

보호의 목걸이

당신의 방어 에너지를 끌어올려 줄 부적 목걸이를 만들어 보자. 이 주문에는 보호의 속성을 가진 검은색(또는 갈색)과 보호의 허브인 쿠민을 사용한다. 이 부적 목걸이는 직접 착용해도 되고 보호해주고 싶은 사람에게 선물할 수도 있다.

주문을 걸 때:
토요일 또는 보름달이 떴을 때

주문에 소요되는 시간:
15분

주문을 걸 장소:
제단

필요한 재료와 도구:
쿠민 1꼬집, 검은색 또는 갈색 보티브 양초, 라이터 또는 성냥, 목걸이

1. 제단을 깨끗이 청소한다.
2. 양초 위에 쿠민을 뿌려준다.
3. 양초에 불을 붙이고 보호의 속성이 살아나는 것을 상상한다.
4. 양초 연기 사이로 목걸이를 통과시키며 이렇게 말한다.

   "보호의 목걸이에
   나의 의도를 충전하니
   내가 가는 곳마다 나를 지켜주리라."
5. 당신의 능력이 목걸이에 가득 차게 하여 에너지를 충전한다.
6. 두세 달에 한 번씩 같은 양초로 주문을 반복하여 보호의 목걸이를 재충전한다.

보호의 마법 인장

이 주문에서는 보호의 스톤에 그려 넣을 수 있는 마법 인장을 만들어 보려 한다. 이 마법 인장은 '집을 보호하는 세정제'(188쪽)와 함께 사용하면 더욱 좋다. 이 세정제에 손가락을 담갔다가 거울이나 창문에 보이지 않는 마법 인장을 직접 그려도 된다.

주문을 걸 때:
토요일 또는 초승달이 떴을 때

필요한 재료와 도구:
펜과 종이, 검은색 네임펜, 납작한 스톤(선택)

주문에 소요되는 시간:
10분

주문을 걸 장소:
제단

1. 제단을 깨끗이 청소한다.
2. 당신의 의도에 집중한다. 종이 위에 '보호'라는 단어를 쓴다.
3. 글자들을 직선, 곡선, 점 등 기본 획으로 해체한다. 아까 쓴 글자 밑에 이 획들을 나열한다.
4. 같은 종이에다 이 획들을 조합하여 원하는 모양의 외곽선을 그린다. 사각형, 하트 모양, 십자, 삼각형 등 어떤 모양이라도 상관없다. 나머지 남는 원이나 곡선, 점은 외곽선 주위에 적절히 배치한다. 이것이 바로 보호의 마법 인장이 된다.
5. 원한다면 당신의 의도에 집중하며 스톤 위에 인장을 그린 뒤 항상 지니고 다닌다.

철을 이용한 보호 주문

철은 보호의 속성을 가진 금속이다. 매장량이 굉장히 풍부해서 지구 곳곳은 물론 다른 별에서도 찾을 수 있다. 이 주문에서는 못, 편자, 헤마타이트 형태의 철을 이용한다. 보호를 받는 대가로 땅에 철을 제물로 바치는 것이다.

주문을 걸 때:
토요일 또는 초승달, 하현달이 떴을 때

주문에 소요되는 시간:
20분

주문을 걸 장소:
제단 그리고 야외

필요한 재료와 도구:
절구와 절굿공이 또는 분쇄기, 말린 월계수 잎 1장, 시나몬 1티스푼, 소금 1티스푼, 라이터 또는 성냥, 원반 모양 숯, 내열 접시, 철 5조각(못, 헤마타이트 등)

1. 제단을 깨끗이 청소한다.
2. 절구와 절굿공이 또는 분쇄기를 이용해 월계수 잎, 시나몬, 소금을 섞어 향 재료를 만든 뒤 옆에 둔다.
3. 내열 접시 위에 숯을 놓은 후 불을 붙이고 빨갛게 될 때까지 둔다.
4. 숯 위에 향 가루를 1꼬집 뿌린다.
5. 의도에 집중한 채 연기 사이로 철 조각을 통과시킨다.
6. 10분간 명상하며 향을 태운다.
7. 충전한 철 조각을 집 주변에 묻어 땅에 바친다.

용서를 위한 목욕 의식

용서는 순식간에 가능한 것이 아니라 시간이 걸리는 과정이라 할 수 있다. 이 목욕 의식은 당신이 과거의 트라우마, 슬픔, 고통을 놓아줄 수 있게 도울 것이며, 당신에게 상처를 준 사람들을 용서할 수 있도록 지지해줄 것이다.

주문을 걸 때:
일요일, 월요일 또는 초승달이 떴을 때

주문에 소요되는 시간:
45분

주문을 걸 장소:
욕실

필요한 재료와 도구:
엡섬솔트 1컵, 라이터 또는 성냥, 검은색 또는 흰색 기둥형 양초, 재스민 에센셜 오일 3방울, 캐모마일 에센셜 오일 3방울

1. 욕실을 깨끗이 청소한다.
2. 욕조에 미온수 또는 온수를 받으며 엡섬솔트를 추가한다.
3. 양초에 불을 붙이고 근처 안전한 장소에 초를 놓아둔 뒤, 당신의 의도에 집중한다.
4. 목욕물이 다 차면 모든 에센셜 오일을 넣고 욕조에 들어간다.
5. 30분간 물에 몸을 담근다. 당신이 몸속에서 내보낸 동그란 '구'가 당신의 고통과 슬픔을 끌어당기는 모습을 상상한다.
6. 30분 후 목욕물을 빼고 촛불을 끈다.
7. 필요할 때마다 이 의식을 반복한다.

안전한 여행을 위한 부적

비행기, 육로, 바다로 여행을 할 예정인가? 여행을 축복하는 부적으로 두려움과 걱정을 몰아내고 긍정적인 마음가짐과 안전함만 남도록 만들어 보자. 이 주문은 보호의 축복이 필요한 동료 여행자에게도 사용할 수 있다.

주문을 걸 때:
수요일 또는 그믐달, 보름달이 떴을 때

주문에 소요되는 시간:
15분

주문을 걸 장소:
제단 또는 야외

필요한 재료와 도구:
라이터 또는 성냥, 원반 모양 숯, 내열 접시, 작은 그릇, 말린 컴프리 1티스푼, 말린 로즈메리 1티스푼, 말린 민트 1티스푼, 당신의 여행과 관련 있는 크리스털(예를 들어 바다 여행이라면 아쿠아마린, 육로 여행이라면 에메랄드)

1. 제단 또는 야외 공간을 깨끗이 청소한다.
2. 내열 그릇 위에 원반 모양 숯을 놓고 불을 붙인다. 빨갛게 달아오를 때까지 5~10분 기다린다.
3. 작은 그릇에 컴프리, 로즈메리, 민트를 섞는다.
4. 숯 위에 향 혼합물을 1꼬집 뿌린다.
5. 연기 사이로 크리스털을 통과시킨다. 크리스털을 지니고 다닐 사람을 축복하고 보호하려는 당신의 의도에 집중한다.

용서를 위한 샤워스티머

다른 사람을 용서한다는 건 결코 쉽지 않고 큰 용기가 필요한 일이다. 하지만 그만큼 당신을 더 강하게 만들어 주는 일이기도 하다. 이 주문에서 소개할 샤워스티머shower steamer에는 마음을 차분하게 만드는 향과 용기를 주는 에센셜 오일이 첨가되어 있다. 스티머만 단독으로 사용해도 되고 '용서를 위한 정화의 샤워'(196쪽 참고) 주문과 함께 사용해도 좋다.

주문을 걸 때:
일요일, 수요일, 초승달이 떴을 때

주문에 소요되는 시간:
20분, 추가로 건조 시간 24~48시간

주문을 걸 장소:
부엌

필요한 재료와 도구:
중간 크기의 믹싱볼과 숟가락, 베이킹소다 1컵, 시솔트 ½컵, 라벤더 에센셜 오일 10방울, 페퍼민트 에센셜 오일 10방울, 로즈메리 에센셜 오일 10방울, 실리콘 몰드 또는 머핀 틀

1. 부엌 공간을 깨끗이 청소한다.
2. 믹싱볼에 베이킹소다와 소금을 넣고 섞는다.
3. 베이킹소다와 소금 섞은 것에 물을 뿌려가며 축축한 모래 정도의 농도가 되게 만든다. 필요하면 물을 더 추가한다.
4. 의도에 집중하며 라벤더, 페퍼민트, 로즈메리 에센셜 오일을 섞어준다.
5. 혼합물을 실리콘 몰드나 머핀 틀에 꾹꾹 눌러 담는다. 24~48시간 동안 건조시킨다.
6. 말린 샤워스티머를 틀에서 빼낸 뒤 밀봉된 용기에 보관한다.

용서를 위한 정화의 샤워

용서는 내면에서부터 시작된다. 언제 모든 걸 내려놓고 다시 앞으로 나아갈지는 오로지 당신만이 결정할 수 있다. 이 정화의 주문을 통해 당신은 미래를 향해 한 발짝 더 나아갈 수 있을 것이다. 이 주문은 흐르는 물을 사용하기 때문에 샤워 중일 때만 행할 수 있다는 걸 잊지 말아야 한다.

주문을 걸 때:
일요일, 수요일 또는 초승달이 떴을 때

필요한 재료와 도구:
용서를 위한 샤워스티머(195쪽), 샤워 도구

주문에 소요되는 시간:
20분

주문을 걸 장소:
욕실

1. 욕실을 깨끗이 청소한다.
2. 욕실 바닥에 용서를 위한 샤워스티머를 둔다. 평소처럼 샤워를 시작한다.
3. 샤워스티머의 향을 맡으며 당신에게 잘못한 사람들, 그들과 관련된 감정, 그들의 행동을 생각한다.
4. 몸을 씻으며 이렇게 말한다.
   "나는 고통을 씻어내
   하수구로 흘려보낸다.
   나는 열과 성을 다해 용서하니
   상처는 이제 저 멀리 사라져라."

방어막 미스트

방어막 미스트는 물의 정화 능력과 에센셜 오일의 보호 속성을 이용하는 정화와 보호의 스프레이다. 방어가 필요할 때마다 바로 사용할 수 있도록 늘 지니고 다니자.

주문을 걸 때:
토요일, 그믐달이 떴을 때

주문에 소요되는 시간:
20분

주문을 걸 장소:
제단 또는 부엌

필요한 재료와 도구:
실온의 증류수 또는 끓인 후 식힌 수돗물 ½컵, 170밀리리터 용량의 황색 유리 스프레이 병, 라벤더 에센셜 오일 4방울, 세이지 에센셜 오일 4방울, 시더우드 에센셜 오일 4방울

1. 주변을 깨끗이 청소하고 준비한다.
2. 유리 스프레이 병에 물을 붓고 라벤더, 세이지, 시더우드 에센셜 오일을 추가한다. 뚜껑을 닫고 흔들어 섞어준다. 병을 흔들 때 당신의 의도를 불어넣는다.
3. 두 손으로 병을 잡고 당신의 에너지가 병 주변을 에워싸다가 액체의 일부가 되는 모습을 상상한다.
4. 사용할 때마다 흔들어 섞어준다.

긴급 방어막 주문

급한 상황에서 바로 사용할 수 있는 방어막 같은 것이 필요한가? 이 간단한 방어막 주문을 사용하면 당신을 향해 다가오는 부정적인 에너지나 나쁜 것들을 막을 수 있다. 이 방어막은 다른 사람들의 감정에 휘말리는 것 또한 막아주기 때문에 당신의 에너지를 아끼는 데도 유용하다.

주문을 걸 때:
언제나

주문에 소요되는 시간:
10분

주문을 걸 장소:
시작은 제단, 그 후엔 어디에서나

필요한 재료와 도구:
방어막 미스트(197쪽, 선택), 스모키쿼츠 크리스털(선택)

1. 제단과 주변 공간을 깨끗이 청소한다. 미리 준비되어 있다면 방어막 미스트를 먼저 뿌려줘도 좋다.
2. 편안한 자세로 호흡에 집중한다. 에너지를 더하고 싶을 땐 주로 쓰는 손에 스모키쿼츠를 쥔다.
3. 내면의 에너지에 집중한다. 에너지를 시각화할 수 있게 되면, 그 에너지를 확장시켜 당신의 몸과 주변으로 퍼져나가도록 한다. 그 에너지가 당신 주변으로 2.5센티미터 정도까지 확장되도록 한다. 이 방어막이 마치 커다란 거품처럼 주변을 에워싼다고 생각한다.
4. 당신을 향해 다가오는 외부 에너지나 힘에 대항하고 싶을 때 이 방어막을 사용한다.
5. 필요할 때마다 모든 단계를 반복한다.

전사의 오일

이 특별한 오일로 내면의 전사^{warrior}를 깨워 보자. 그저 몸이나 도구에 바르기만 하면 된다. 이 오일은 갑작스러운 사고, 공격, 부정성에 대항해 기본적인 방어력을 제공해 줄 것이다. 피부에 바를 경우에는 소량으로 테스트를 먼저 해보는 게 좋다.

주문을 걸 때:
목요일 또는 상현달이 뜰 때

주문에 소요되는 시간:
15분

주문을 걸 장소:
제단

필요한 재료와 도구:
아몬드 오일 또는 호호바 오일 같은 캐리어 오일 2테이블스푼, 작은 황색 롤러 달린 병 또는 스포이트 병, 시더우드 에센셜 오일 2방울, 제라늄 에센셜 오일 2방울, 로즈메리 에센셜 오일 2방울

1. 제단을 깨끗이 청소한다.
2. 황색 롤러 병에 캐리어 오일을 붓는다.
3. 시더우드, 제라늄, 로즈메리 에센셜 오일을 차례대로 넣으면서 이렇게 말한다.

    "이 오일을 이용해 내가 무찌르고 싶은 것으로부터
    나를 막아내고 보호하고 지켜내리라."

4. 두 손에 병을 쥐고 에너지가 병 주변을 둘러싸는 모습을 상상하며 당신의 의도를 충전한다.
5. 이제 오일을 사용할 준비가 끝났다. 맥박이 뛰는 곳, 당신이 쓰는 물건, 양초 등에 발라주면 된다.

보호를 위한 크리스털 그리드

옵시디언, 헤마타이트 같이 보호의 속성을 가진 크리스털을 활용한 그리드로 당신의 능력을 증폭시켜 보자.

주문을 걸 때:
토요일 또는 그믐달이 뜰 때

주문에 소요되는 시간:
30분

주문을 걸 장소:
제단 또는 야외

필요한 재료와 도구:
펜과 종이, 옵시디언 4개, 헤마타이트 3개,
지팡이 또는 마법 단검

1. 제단 또는 야외 공간을 깨끗이 청소한다.
2. 펜과 종이를 이용하여 마음에 드는 그리드 형태를 그린다. 보호의 크리스털 그리드로는 6각형이 좋다. 아직 크리스털을 그리드에 놓지는 않는다.
3. 두 손으로 크리스털을 쥐고 당신의 에너지와 의도가 크리스털과 합쳐지는 모습을 상상한다. "나는 이 크리스털을 충전해 나를 지키고 보호한다"라고 말하여 당신의 선택에 대해 확언을 해준다.
4. 2단계에서 그렸던 그리드에 크리스털을 배치해 준다. 한가운데 옵시디언부터 시작해서 바깥쪽으로 진행해 나간다.
5. 지팡이나 마법 단검을 이용해 그리드를 활성화한다. "나는 이 그리드를 연결해 나를 지키고 보호한다"라고 말하면서 당신의 에너지로 각각의 크리스털을 연결한다.
6. 편하게 앉아서 눈을 감고, 10분 동안 의도에 집중하며 명상한다.
7. 원하는 기간 동안 그리드를 그대로 유지한다. 2~3일에 한 번씩 각각의 크리스털을 다시 연결하며 당신의 의도를 큰 소리로 말한다.

방어막 강화 주문

영적인 보호막을 만들려면 노력, 시간 그리고 능력이 필요하다. 이 주문은 '긴급 방어막 주문'(198쪽)을 바탕으로 약간의 변화를 준 것이다. 아직 주문을 거는 것이 서툴거나 에너지를 모으는 것이 힘들다면 '보호의 목걸이'(190쪽)와 '방어막 미스트'(197쪽)를 함께 사용해보도록 하자.

주문을 걸 때:
언제나

필요한 재료와 도구:
방어막 미스트(197쪽, 선택), 보호의 목걸이(190쪽) 또는 크리스털

주문에 소요되는 시간:
15분

주문을 걸 장소:
어디에서나

1. 주변 공간을 깨끗이 청소한다.
2. 원한다면 사전 준비를 위해 '방어막 미스트'를 뿌린다.
3. 에너지를 끌어낼 때 사용할 '보호의 목걸이'나 크리스털을 정화한다.
4. 눈을 감고, 호흡에 집중하며, '긴급 방어막'을 만들어낸다.
5. 일단 방어막이 만들어졌으면 양팔을 뻗을 수 있을 정도의 크기로 팽창시킨다. 적어도 1분 정도 그 상태를 유지할 수 있게 연습한다.
6. 원하는 시간만큼 오랫동안 방어막을 유지할 수 있도록 4단계와 5단계를 연습한다.
7. 준비되었으면 양팔을 뻗은 너비를 넘어 방 전체를 가득 채울 수 있을 정도까지 팽창시켜본다. 팽창하는 방어막이 당신 내면의 부정적인 실체 또는 원치 않는 에너지를 밖으로 끄집어낸다.
8. 필요할 때마다 반복한다. 연습할수록 숙달된다는 것을 잊지 말자!

용서의 타로 의식

누군가를 용서하고 싶은데 그 방법을 모를 때 점사의 도움을 받을 수 있다. 이 주문은 어떤 상황에도 적용할 수 있는 손쉬운 타로 의식이다. 용서를 위한 여정을 시작하기 위해 당신이 무엇부터 극복해야 할지에 집중한다.

주문을 걸 때:
일요일, 월요일 또는 그믐달이나 보름달이 떴을 때

주문에 소요되는 시간:
30분

주문을 걸 장소:
제단

필요한 재료와 도구:
라이터 또는 성냥, 흰색 보티브 또는 티라이트 양초, 지팡이 또는 마법 단검, 타로 카드, 펜과 종이

1. 제단을 깨끗이 청소한다.
2. 양초에 불을 붙이고 의도를 설정한다.
3. 우선 명상을 하는 동안 마음을 보호할 수 있게 마법진부터 미리 만든다. 지팡이나 마법 단검으로 둥근 원을 그리며 흰빛이 마법진 주위로 장벽을 만들고 있다고 상상한다.
4. 3가지 질문을 던진다. 용서의 여정을 시작하기 위해 내가 극복해야 하는 것은 무엇인가? 이 문제점을 어떻게 극복할 것인가? 지금 내 상황의 결과는 무엇인가?
5. 이제 앉아서, 멈출 때가 왔다는 생각이 들 때까지 오버핸드 셔플로 카드를 섞는다.

6. 제단 위에 카드를 내려놓고 펼친다.

7. 눈을 감고 직감을 이용할 준비를 한다.

8. 카드 3장을 선택한 뒤 1장씩 뒤집는다.

9. 첫 번째 카드는 첫 번째 질문에 대한 답이며, 두 번째 카드는 그 다음 질문, 세 번째 카드는 마지막 질문에 대한 답이다.

10. 종이와 펜으로 해당 질문에 대해 각 카드가 보여주는 메시지를 적는다.

11. 해석이 끝났으면 타로 카드를 치우고, 양초를 끈 뒤, 마법진을 닫는다.

자동차를 보호하는 부적 주머니

자동차를 보호하는 부적 주머니를 만들어 차 안에 비치해 보자. 운전하는 동안 안전, 보호, 집중, 의식 에너지를 고취할 수 있다. 이 주문은 자동차 외에 어떤 교통수단에도 사용할 수 있다.

주문을 걸 때:
초승달이 떴을 때

주문에 소요되는 시간:
25분

주문을 걸 장소:
제단 또는 자동차 안

필요한 재료와 도구:
라이터 또는 성냥, 검은색 보티브 양초, 25센티미터 길이의 정사각형 검은색 천, 말린 쑥 2티스푼, 말린 주니퍼 2티스푼, 블랙솔트 2티스푼, 말린 카옌페퍼 2티스푼, 시나몬 2티스푼, 터콰이즈 또는 스모키쿼츠, 펜과 작은 종이, 보호의 마법 인장(191쪽), 끈

1. 제단을 깨끗이 청소한다.
2. 양초에 불을 붙이고 당신의 의도를 상상한다.
3. 천을 펼쳐놓고 그 위에 쑥, 주니퍼, 블랙솔트, 카옌페퍼, 시나몬을 넣으며 이렇게 말한다.
   "보호의 허브여, 축복을 내려다오."
4. 한 손에 터콰이즈를 쥐고 그 에너지와 교감한다. 터콰이즈를 천에 올려놓으며 이렇게 말한다.
   "안전의 스톤이여, 너의 속성을 그대로 전해다오."
5. 작은 종이 위에 '보호의 마법 인장'을 그린다. 종이를 천에 올려놓으며 이렇게 말한다.
   "보호의 마법 인장이여, 방어막을 만들어다오."
6. 천 모서리를 한데 모아 끈으로 묶어서 주머니를 봉해준다. 보호의 에너지가 활성화되는 모습을 상상한다.

7. 이 부적 주머니를 차 안 좌석 밑 또는 글러브박스에 둔다. 그 에너지가 흰 빛으로 차를 에워싸는 모습을 상상하며 이렇게 말한다.

"보호의 주머니여, 에너지를 가득 채워라. 그리고 이 차의 구석구석을 충전해다오."

8. 매달 이 부적 주머니를 재충전한다.

보호의 마법 약병

이 마법 약병은 효과가 오래 가며, 악의적인 존재나 범죄, 부도덕한 행동으로부터 보호하려는 당신의 의도에 의해 에너지를 얻는다. 이 주문을 행하기 위해서는 보호의 향료가 필요하다.

주문을 걸 때:
화요일 또는 초승달이 떴을 때

주문에 소요되는 시간:
30분, 추가로 양초가 타는 3~4시간

주문을 걸 장소:
제단

필요한 재료와 도구:
블랙페퍼 1테이블스푼, 쿠민 1테이블스푼, 시솔트 또는 블랙솔트 1테이블스푼, 시나몬 1테이블스푼, 작은 또는 중간 크기의 뚜껑 달린 유리병, 검은색 펜과 종이, 보호의 마법 인장(191쪽), 철 3조각(예를 들어 못 또는 헤마타이트 등), 10센티미터 길이의 갈색 또는 검은색 차임 양초 또는 미니 테이퍼 양초, 라이터 또는 성냥

1. 제단을 깨끗이 청소한다.
2. 당신의 의도에 집중하며 유리병에 차례대로 블랙페퍼, 쿠민, 소금, 시나몬을 넣는다.
3. 종이 위에 '보호의 마법 인장'을 그린다. 접어서 유리병에 넣는다.
4. 철 조각을 넣고 뚜껑을 닫는다.
5. 양초에 불을 붙이고 초를 수평으로 들어 병뚜껑 위로 촛농을 떨어트린다. 뚜껑 위에 양초를 세울 수 있을 정도로 촛농을 충분히 떨어트린다. 병뚜껑에 불이 붙어 있는 상태의 양초를 붙이고 안정적으로 고정한다. 양초 주변의 촛농을 말려서 다른 도움 없이도 초가 설

수 있게 한다. 초가 다 타기를 기다렸다가 마법 약병 안에 당신의 의도를 봉인해준다.

6. 집 입구 근처에 마법 약병을 둔다.

위험을 막는 벽걸이

이 벽걸이를 집에 걸어 부정성이나 사악한 힘으로부터 집을 보호하자. 이 주문은 종, 매듭 마법, 철, 땅의 원소를 이용하며 방, 사무실, 거실 등 어디에나 활용할 수 있다.

주문을 걸 때:
토요일 또는 초승달, 상현달이 뜰 때

주문에 소요되는 시간:
30분

주문을 걸 장소:
제단

필요한 재료와 도구:
갈색 또는 검은색 끈이나 실 1타래, 가위, 15센티미터 길이의 막대기 4개, 종 모양 오브제 6개, 철 6조각(예를 들어 못, 너트, 볼트, 작은 커틀러리 등)

1. 제단을 깨끗이 청소한다.
2. 재료를 정화한다.
3. 30센티미터 길이의 끈을 적어도 30개 이상 잘라낸다.
4. 막대기 4개의 모서리를 서로 겹쳐 다이아몬드 모양을 만든다.
5. 끈으로 다이아몬드 모양 막대기의 네 모서리를 묶는다.
6. 다이아몬드의 아래쪽 두 막대기에 아까 잘라 놓은 끈을 소말뚝 매듭으로 묶는다. 공간이 허락하는 한 최대한 많이 연결한다.
7. 매듭으로 연결한 끈 곳곳에 종과 철 조각을 매단다. 직감을 이용해 적절한 위치를 정한다.
8. 끈으로 벽걸이를 벽에 매단다.
9. 이제 당신의 벽걸이는 부정성과 사악한 힘으로부터 집을 지킬 준비가 끝났다. 원치 않는 에너지가 다가오면 흔들리며 소리를 낼 것이다.

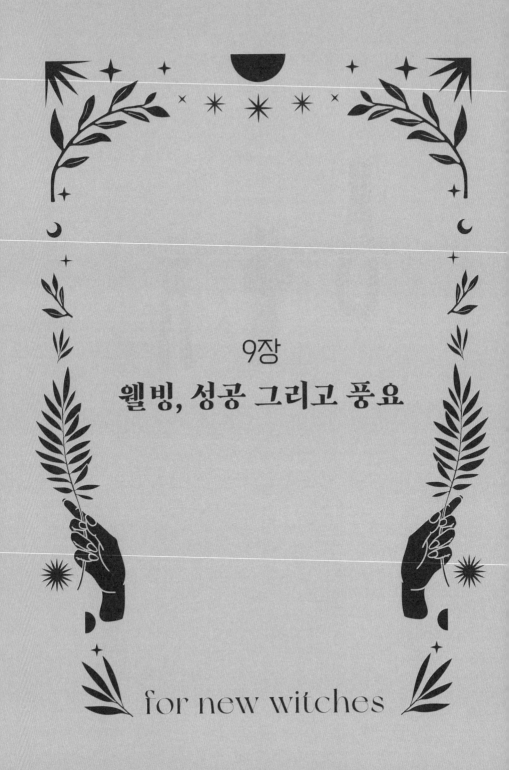

9장

웰빙, 성공 그리고 풍요

for new witches

웰빙, 성공, 풍요의 주문은 당신 스스로 원하는 삶을 이룰 수 있도록 도와준다. 하지만 주문이 당신의 모든 것을 대신할 수는 없다. 원하는 것들을 이루기 위해서는 수많은 노력, 연습, 인내, 헌신이 필요하기 때문이다. 이런 주문을 시작할 때에는 단순하게 하는 게 좋다. 현실적이고 개인적인 목표를 바탕으로 의도를 설정하는 것이다. 이번 장에서는 긍정성, 행운, 자기 관리, 행복에 초점을 맞춘 주문들을 알아보겠다.

통찰의 차

차^{tea}를 이용해 당신이 성취하고자 하는 바를 더욱더 명확하게 볼 수 있도록 주문을 걸어 보자. 이 주문은 스트레스가 많은 상황을 통찰하는 데 도움을 주기 때문에, 결국 긴장을 풀고 마음을 열 수 있게 만들어 줄 것이다.

주문을 걸 때:
토요일, 일요일 또는 초승달이 떴을 때

주문에 소요되는 시간:
15분

주문을 걸 장소:
부엌

필요한 재료와 도구:
작은 냄비, 물 1컵, 말린 쑥 ½티스푼, 말린 발레리안 ½티스푼 , 말린 캐모마일 ½티스푼, 시나몬 ½티스푼, 말린 라벤더 ½티스푼, 면포 또는 체, 컵

1. 부엌 공간을 깨끗이 청소한다.
2. 작은 냄비에 물을 붓고 끓이는 동안 당신의 의도를 설정한다.
3. 냄비를 불에서 내린다.
4. 쑥, 발레리안, 캐모마일, 시나몬, 라벤더를 냄비에 넣고, 허브가 우러나오는 10분 동안 당신의 의도에 집중하며 명상한다.
5. 면포나 체에 거른 차를 컵에 담고 컵을 시계방향으로 돌리며 이렇게 말한다.
   "나에게 무엇이 의미 있는지
   볼 수 있게 도와다오."
6. 에너지가 차에 녹아드는 것을 느낀다. 즐겁게 마신다.

웰빙을 부르는 거울

우리는 종종 자신의 웰빙에 초점을 맞추고 살라는 말을 듣지만, 어디에서부터 시작해야 할지 알기 힘든 경우가 많다. 이 거울 주문은 삶의 균형을 찾기 위한 훌륭한 첫걸음이 될 것이며 결국 당신이 행복하고, 건강하고, 사회적으로 원만하고, 목적의식 있는 사람이 되도록 도와줄 것이다. 이 주문은 양초, 거울, 명상의 능력을 이용한다.

주문을 걸 때:
초승달이 떴을 때

필요한 재료와 도구:
콤팩트형 거울, 라이터 또는 성냥, 흰색 보티브 양초, 펜과 종이(선택)

주문에 소요되는 시간:
20분

주문을 걸 장소:
제단

1. 제단을 깨끗이 청소한다.
2. 거울을 정화한다.
3. 거울을 펼치고 제단 위에 놓는다.
4. 양초에 불을 붙이고 거울 위에 올려놓은 뒤 이렇게 말한다.
   "타오르는 이 양초가 내가 창조해낼 웰빙을 밝게 비추리."
5. 거울이 양초 불빛을 반사하는 동안 당신의 의도, 전반적인 웰빙에 집중하며 명상한다. 균형, 목적, 사회적 관계, 당신을 행복하고 건강하게 만들 것들을 탐색한다.
6. 웰빙에 초점을 맞추는 데 도움이 될 메시지나 환영이 떠오를 때까지 기다린다. 원한다면 종이에 기록한다.

긍정을 부르는 향

여러 재료를 섞어 에너지를 충전한 향을 이용해 긍정성을 끌어올려 보자. 감정적, 정신적, 영적 격려가 필요할 때 언제든 이 향을 피우면 된다. 성공, 풍요 또는 웰빙을 실체화하거나 불러들이는 마법을 걸 때도 이 향을 태우는 것이 도움이 된다.

주문을 걸 때:
금요일 또는 상현달이 떴을 때

주문에 소요되는 시간:
10분

주문을 걸 장소:
제단 또는 부엌

필요한 재료와 도구:
60~90밀리리터 용량의 뚜껑이 달린 유리병, 말린 민트 1테이블스푼, 말린 캐모마일 1테이블스푼, 말린 타임 1테이블스푼, 말린 세이지 1테이블스푼, 말린 라벤더 1테이블스푼

1. 제단 또는 부엌 공간을 깨끗이 청소한다.
2. 민트, 캐모마일, 타임, 세이지, 라벤더를 차례대로 유리병에 넣는다. 긍정의 에너지가 혼합물에 스며드는 데 집중하며 이렇게 말한다.

   "이 향이 긍정을 불러오고
   내 삶에 균형을 가져오게 하라.
   이 향이 부정을 막아내고
   그 어떤 갈등도 사라지게 하라."
3. 뚜껑을 닫고 잘 흔들어 섞어준다.
4. 야외 화로 또는 내열 접시 위에 놓은 원반형 숯 위에서 향을 태운다.

행운의 마스코트

행운의 마스코트를 만들어 당신의 운을 끌어올려 보자. 이 부적은 재산, 행운, 시작, 부를 상징하는 룬 문자 '페후Fehu'를 사용한다. 나무 조각에 문자를 새겨서 만드는데, 늘 지니고 다니면 여러 상황을 개선하는 데 도움이 된다.

주문을 걸 때:
목요일 또는 상현달이 떴을 때

주문에 소요되는 시간:
15분

주문을 걸 장소:
제단 또는 직장

필요한 재료와 도구:
지름 5~7센티미터의 둥근 나무 조각, 180~220그릿의 사포, 칼 또는 네임펜

1. 제단 또는 직장을 깨끗이 청소한다.
2. 나무 조각을 사포질한다. 거칠거나 울퉁불퉁한 모서리를 갈아낸다.
3. 칼이나 네임펜으로 페후Fehu 상징을 표시한다. 문자를 새겨 넣으며 이렇게 말한다.
   "페후, 행운의 룬이여,
   노력하는 나를 지지해 주고
   새로운 시작과 행운을 가져와 주길"
4. 행운의 마스코트를 지니고 다니거나 필요한 때에 대비해 안전한 곳에 보관한다.

풍요의 밤

이 밤balm은 당신의 에너지를 끌어올려 더 많은 부를 쌓을 수 있게 도와준다. 이 밤을 바르면 즐거움이 넘치고 몸과 마음, 영혼에 힘이 생긴다. 허브와 비타민E 오일이 포함되어 있어서 건조한 피부를 진정시킬 때도 사용할 수 있다.

주문을 걸 때:
목요일 또는 보름달, 초승달이 떴을 때

주문에 소요되는 시간:
25분

주문을 걸 장소:
부엌

필요한 재료와 도구:
흰색 밀랍 펠렛 1/4컵, 버진 코코넛 오일 1/3컵, 중간 크기 전자레인지용 그릇, 아몬드 오일 1/3컵, 비타민E 오일 1/2테이블스푼, 85밀리리터 용량의 틴케이스 또는 병

1. 부엌 공간을 깨끗이 청소한다.
2. 밀랍 펠렛과 코코넛 오일을 전자레인지용 그릇에 넣고 30초씩 끊어서 돌린다.
3. 밀랍이 완전히 녹을 때까지 30초마다 저어주며 반복한다. 끓어 넘치지 않게 조심한다.
4. 아몬드 오일과 비타민E 오일을 넣고 섞어주면서 풍요를 끌어들이려는 당신의 의도에 집중한다.
5. 혼합물을 저으며 이렇게 말한다.
   "풍요여, 내게 오라."
6. 잘 섞였으면 틴케이스나 병에 부은 뒤 굳힌다.

자존감을 높이는 부적

기분이 나쁠수록 의욕은 떨어지고, 그 반대도 마찬가지다. 이 부적을 사용하면 낮아진 자존감을 끌어올릴 수 있고 자기 비하의 악순환을 극복할 수 있다. 스스로에 대한 믿음이 필요할 때마다 지니고 다니자.

주문을 걸 때:
월요일, 수요일, 금요일 또는 상현달 떴을 때

주문에 소요되는 시간:
15분

주문을 걸 장소:
제단

필요한 재료와 도구:
긍정을 부르는 향(214쪽), 원반 모양 숯, 내열 접시, 라이터 또는 성냥, 장신구 또는 크리스털 펜던트

1. 제단을 깨끗이 청소한다.
2. 내열 접시 위에 원반 모양 숯을 놓고 '긍정을 부르는 향'을 올린다. 향에 불을 붙이고 눈을 감은 채 이렇게 말한다.
   "이 연기 속으로 내 낮은 자존감과 나에 대한 의심을 흘려보낸다."
3. 당신의 의도에 집중하며 5분간 명상한다.
4. 눈을 뜨고 향 연기 사이로 장신구나 펜던트를 통과시킨다. 이 연기가 장신구를 정화하고, 씻어주며, 축성해줄 것이다.
5. 연기 사이로 3차례 통과시키며 이렇게 말한다.
   "한 번 지날 때마다 정화되고, 빛을 내며, 반짝인다."
6. 이제 당신의 부적은 지니고 다닐 준비가 끝났다. 두세 달에 한 번씩 재충전한다.

몸을 편안하게 하는 주문

당신의 몸은 주문에 사용하는 그 어떤 도구 못지않게 성스럽다. 그러므로 몸을 잘 보살피고 존중하는 것이 매우 중요하다. 이 주문을 통해 당신 자신, 당신의 몸, 당신을 당신답게 만드는 모든 것들을 포용해 주자.

주문을 걸 때:
월요일 또는 초승달이 떴을 때

주문에 소요되는 시간:
15분

주문을 걸 장소:
욕실

필요한 재료와 도구:
거울, 흰색 또는 핑크 기둥형 양초, 올리브 오일 또는 아몬드 오일 같은 캐리어 오일 2테이블스푼, 말린 라벤더 1테이블스푼, 내열 접시, 라이터 또는 성냥

1. 욕실을 깨끗이 청소한다.
2. 거울 앞에 선다.
3. 큰 접시에 양초를 놓고 캐리어 오일을 바른다. 심지에 묻지 않게 조심하도록 한다.
4. 말린 라벤더를 양초 전체에 골고루 뿌리며 당신의 의도에 집중한다.
5. 앞에 내열 접시를 놓고 그 위에 양초를 세운 다음 불을 붙인다.
6. 거울에 비친 자신의 모습을 보며 이렇게 말한다.
   "나는 완벽하다. 나는 완전하다.
   나는 마음, 몸, 영혼을 다해 나 자신을 사랑한다."
7. 필요할 때마다 주문을 반복한다.

비전을 위한 스크라잉

불의 도움을 받아 내면의 비전을 활성화해 보자. 불꽃을 들여다보는 스크라잉은 일종의 점사 방법으로 불꽃 안에 보이는 메시지나 환영을 이용한다. 양초의 춤 추듯 흔들리는 불꽃 안에서 질서와 혼란, 행위, 재탄생을 볼 수 있기 때문이다. 이 주문이 당신의 비전과 꿈을 더 선명하게 볼 수 있도록 도와줄 것이다.

주문을 걸 때:
화요일, 일요일 또는 초승달이나 상현달이 떴을 때

필요한 재료와 도구:
보라색 또는 흰색 티라이트 양초 5개, 라이터 또는 성냥, 보라색 또는 흰색 보티브 또는 기둥형 양초, 펜과 종이

주문에 소요되는 시간:
15분

주문을 걸 장소:
제단

1. 제단을 깨끗이 청소한다.
2. 제단 위에 티라이트 양초를 오각별 펜타그램 모양으로 배치한다. 불을 붙인다.
3. 펜타그램 중앙에 보티브 양초를 놓는다(가운데 양초는 5단계에서 불을 붙일 것이다).
4. 눈을 감고 당신의 의도에 집중하며 5분간 명상한다.
5. 준비되었으면 가운데 양초에 불을 붙인다.
6. 불꽃에 집중한다. 당신의 비전과 꿈에 대해 생각한다.
7. 불꽃 안에서 어떤 메시지나 환영이 나타나기를 기다린다. 원한다면 종이에 기록한다.

성공을 부르는 마법 인장

내면의 에너지를 담은 마법 인장으로 당신의 삶에 성공을 불러오자. 마법 인장을 만드는 것은 당신 내면의 에너지를 끌어내 당신만의 고유한 마법을 만들어내는 과정이라 할 수 있다.

주문을 걸 때:
일요일 또는 상현달이 떴을 때

필요한 재료와 도구:
주황색 펜, 종이 2장

주문에 소요되는 시간:
15분

주문을 걸 장소:
제단 또는 야외

1. 제단을 깨끗이 청소한다.
2. '나는 자신감 있고, 강하며, 성공적이다' 같이 당신의 선택에 대한 확언의 문장을 쓴다.
3. 반복되는 자음과 모음을 제거하여 확언을 간략하게 줄인다. 위 문장의 경우라면 'ㄴㅈㅅㄱㅁㅇㅎㄷ'만 남는다.
4. 글자들을 직선, 곡선, 점 등 기본 획으로 해체한다. 아까 쓴 글자 밑에 이 획들을 나열한다.
5. 같은 종이에 이 획들을 조합하여 원하는 모양의 외곽선을 그린다. 사각형, 하트 모양, 십자, 삼각형 등 어떤 모양이라도 상관없다. 나머지 남는 원이나 곡선, 점은 외곽선 주위에 적절히 배치한다. 이것이 바로 성공을 부르는 마법 인장이 된다.
6. 새 종이에 당신의 의도를 가득 담으며 마법 인장을 다시 그린다. 늘 지니고 다닌다.

행운을 부르는 주문

이 주문을 따라 하면 단순히 동전을 바치는 것만으로 당신의 삶에 더 많은 행운을 불러올 수 있다. 모르는 사람을 위해 동전을 남겨놓는 것은 당신의 행운을 늘리는 것뿐만 아니라 카르마를 개선하는 데도 아주 좋은 방법이다.

주문을 걸 때:
언제나

필요한 재료와 도구:
동전, 클리어쿼츠(선택)

주문에 소요되는 시간:
10분

주문을 걸 장소:
야외

1. 호흡에 집중하며 마음을 가다듬는다. 추가로 더 많은 에너지가 필요하다면 클리어쿼츠를 이용한다.
2. 손에 동전을 쥐고 당신의 의도를 채워 넣는다.
3. 눈을 감고 이렇게 말한다.
   "이 동전을 세상에 돌려보내니,
   동전은 내게 3배의 행운과 부를 가져오라.
   이 공물을 통해 나는 선한 카르마를
   모르는 이들에게 나누어준다."
4. 아무도 당신을 보지 못하는 곳에 가서 동전의 앞면이 위로 가게 놓아 둔다. 다른 행운이 당신을 찾아올 것이다.

풍요의 민트차

만들기 쉽고 파워풀한 차를 통해 당신의 삶에 풍요를 불러오자. 민트는 풍요, 번영, 치유, 행운, 힘과 관련 있다고 알려져 있다. 그냥 마셔도 좋고 '풍요를 부르는 나무뿌리 주문'(223쪽)에 사용할 수도 있다.

주문을 걸 때:
상현달이 떴을 때

주문에 소요되는 시간:
15분

주문을 걸 장소:
부엌

필요한 재료와 도구:
중간 크기 냄비, 물 4컵, 신선한 민트 ½컵 또는 말린 민트 ¼컵, 면포 또는 체, 컵 또는 병

1. 부엌을 깨끗이 청소한다.
2. 중간 크기 냄비에 물을 끓여 불순물을 제거한다.
3. 냄비를 불에서 내린다.
4. 민트를 뿌리며 이렇게 말한다.

   "이 허브로 나는
   풍요와 선의를 불어 넣는다."
5. 차가 우러나고 식는 동안 당신의 의도에 집중하며 10분간 명상한다.
6. 찻잎을 걸러 컵에 담아 마시거나, 병에 담은 뒤 집 근처에 부어준다. 아니면 '풍요를 부르는 나무뿌리 주문'(223쪽)에 사용한다.

풍요를 부르는 나무뿌리 주문

이 주문은 열매를 맺은 나무의 에너지와 당신을 연결해 나무의 풍요를 축복하고 그들에게서 에너지를 끌어오기 위해 만들어졌다. 이 주문의 효과를 극대화하고 싶다면 '풍요의 민트차'(222쪽)도 같이 준비하자.

주문을 걸 때:
초승달이 떴을 때

필요한 재료와 도구:
열매를 맺은 나무, 풍요의 민트차(222쪽) 또는 말린 민트 ¼컵

주문에 소요되는 시간:
30분, 추가로 열매 맺은 나무 찾는 시간

주문을 걸 장소:
야외

1. 집 마당이나 근처 안전한 곳에서 열매 맺은 나무를 찾는다.
2. 당신의 에너지, 그리고 그 에너지를 끄집어내는 데 집중하면서 주변 공간을 깨끗이 청소한다.
3. 나무에 손을 얹고 이렇게 말한다.
   "열매 맺은 나무여,
   내가 너를 일으켜 세우고 드높일
   마법의 선물을 가져왔으니."
4. 나무 주위를 돌면서 나무뿌리를 향해 민트를 뿌리거나 '풍요의 민트차'를 붓는다. 그리고 이렇게 말한다.
   "내게 풍요를 세 배로 나누어다오."
5. 눈을 감고 나무와 교감하는 상상을 한다.

성공을 엮는 주문

매듭 마법 그리고 성공을 상징하는 룬 문자 '소윌로Sowilo'의 도움을 받아 당신의 삶 속 성공을 엮어보자. 주문에서 소윌로를 사용하면 삶의 지침을 찾고, 목표를 설정하고, 온전함을 성취하는 데 도움을 받을 수 있다. 당신의 삶에 긍정적인 변화를 일으키고자 하는 의도도 같이 넣을 것이다.

주문을 걸 때:
일요일 또는 보름달이 떴을 때

주문에 소요되는 시간:
30분

주문을 걸 장소:
제단

필요한 재료와 도구:
칼, 주황색·금색·은색 기둥형 양초, 라이터 또는 성냥, 45센티미터 정도의 주황색 끈 또는 실 3개

1. 제단을 깨끗이 청소한다.
2. 칼을 이용해 양초에 룬 문자 '소윌로Sowilo'를 새긴다.
3. 양초에 불을 붙이고 의도를 설정한 뒤 에너지를 끌어올린다.
4. 끈 3개의 끝을 오버핸드 매듭으로 묶는다. 묶는 동안 삶의 모든 분야에 성공을 끌어들인다고 상상한다.
5. 끈을 땋으며 이렇게 말한다.
   "함께 땋은 목표의 끈,
   연결되는 온전함의 끈,

서로 얽히는 성취의 끈,

엮고 엮어 만든 성공의 매듭."

6. 마지막을 매듭으로 묶은 뒤 10분간 명상을 한다. 당신이 만들어낸 것에 집중하며 그 능력을 느껴본다.

7. 명상이 끝나면 촛불을 끈다.

8. 더 많은 행운이 찾아오기를 원하는 곳에 땋은 끈을 매달아둔다.

웰빙을 위한 오일

이 오일은 웰빙과 관련된 주문을 행할 때 물건에 바를 수도 있고, 당신의 삶에 긍정성을 끌어오려는 의도를 증폭시키는 방법의 하나로 맥박이 뛰는 곳에 발라줄 수도 있다. 피부에 바를 때는 소량으로 테스트를 먼저 해보는 게 좋다.

주문을 걸 때:
초승달 또는 보름달이 떴을 때

주문에 소요되는 시간:
20분

주문을 걸 장소:
제단 또는 부엌

필요한 재료와 도구:
작은 황색 롤러 달린 병 또는 스포이트 병, 호호바 오일 또는 아몬드 오일 같은 캐리어 오일 1테이블스푼, 파촐리 에센셜 오일 2방울, 라벤더 에센셜 오일 2방울, 일랑일랑 에센셜 오일 2방울, 말린 캐모마일 1티스푼

1. 제단을 깨끗이 청소한다.
2. 황색 롤러 병에 캐리어 오일을 넣는다.
3. 당신의 의도에 집중하며 모든 에센셜 오일을 추가한다.
4. 캐모마일을 넣어 빈 공간을 채운다.
5. 두 손에 병을 쥐고 당신의 에너지가 병 주변을 에워싸는 모습을 상상한다. 당신의 의도를 충전하며 이렇게 말한다.
   "이 오일을 섞으며 축성하니
   웰빙과 감사의 마음이 생겨나기를"
6. 현재에 충실하고 싶을 때, 긍정적인 마음가짐을 갖고 싶을 때 언제라도 사용한다.

성공을 위한 쿠키

베이킹 영역에도 마법의 주문을 불러와 적용해 보자. 이 성공의 룬 쿠키는 당신의 에너지를 끌어올려 목표를 달성할 수 있게 도와준다. 각각의 쿠키는 성공의 룬 문자 '소윌로Sowilo'로 장식되어 있어 성공, 온전함, 성취를 고취한다.

주문을 걸 때:
일요일 또는 초승달이 떴을 때

주문에 소요되는 시간:
30분

주문을 걸 장소:
부엌

필요한 재료와 도구:
다용도 밀가루 2¾컵, 베이킹소다 1티스푼, 베이킹파우더 ½티스푼, 실온의 버터 1컵, 설탕 1½컵, 달걀 1개, 바닐라 익스트랙 1티스푼

1. 제단을 깨끗이 청소한다.
2. 오븐을 190도로 예열한다.
3. 작은 그릇에 밀가루, 베이킹소다, 베이킹파우더를 넣고 섞은 뒤 옆에 둔다.
4. 큰 그릇에 버터와 설탕을 넣고 부드럽게 으깬다. 달걀과 바닐라 익스트랙을 넣고 섞어준다.
5. 4단계 재료에 3단계 재료를 넣고 잘 섞어서 쿠키 도우를 만든다.
6. 도우를 지름 7~8센티미터의 공 모양으로 만든 뒤, 유산지 위에 납작하게 누른다.
7. 칼을 이용해 쿠키 위에 소윌로Sowilo를 그리며 의도에 집중한다.
8. 오븐에서 8~10분 정도로 노릇해질 때까지 굽는다.
9. 2분 정도 기다렸다가 식힘망 위로 옮겨 식힌다.
10. 쿠키를 먹으며 소윌로의 에너지를 내면화한다.

성공을 끌어당기는 주문

이 제물 주문은 한낮의 태양 에너지와 땅에 있는 흙의 에너지를 사용한다. 그리고 시나몬 스틱, 신선한 생강, 레몬밤, 베르가모트, '성공을 부르는 마법 인장'(220쪽) 같은 성공을 끌어당기는 재료들을 활용한다.

주문을 걸 때:
초승달 또는 상현달이 뜨는 날의 정오

주문에 소요되는 시간:
25분

주문을 걸 장소:
제단 그리고 야외

필요한 재료와 도구:
라이터 또는 성냥, 주황색 보티브 양초, 주황색 펜, 성공을 부르는 마법 인장(220쪽), 종이, 시나몬 스틱 1개, 신선한 생강 뿌리 10센티미터 정도, 신선한 레몬밤 싹, 주황색 끈 또는 실, 베르가모트 에센셜 오일 3방울

1. 제단을 깨끗이 청소한다.
2. 성공을 끌어당기는 주황색 양초에 불을 붙인다.
3. 종이에 주황색 펜으로 '성공을 부르는 마법 인장'을 그린다. 여기에 제물을 보관할 것이다.
4. 종이 위쪽에 시나몬 스틱, 생강, 레몬밤 싹을 내려놓는다.
5. 당신의 의도에 집중하며 종이를 접는다. 주황색 끈으로 종이를 묶어 꾸러미를 만든다.
6. 매듭에 베르가모트 에센셜 오일을 바른다.
7. 당신의 의도에 집중하며 5분간 명상한다.
8. 양초 불을 끈다.
9. 야외로 나가 5단계에서 만든 꾸러미를 묻을 만한 북향의 장소를 찾는다.
10. 손으로 얕게 구멍을 파고 그 안에 꾸러미를 넣으며 이렇게 말한다.

"태양의 강력한 빛 아래에서

땅에 이 제물을 선물하니

나에게는 그 대신 성공을 내려다오."

11. 구멍을 덮고 땅에 손을 얹은 뒤 5분간 명상한다.

12. 태양과 땅의 에너지가 합쳐져 당신에게 성공을 가져다주는 것을 느낀다.

13. 떠나기 전 에너지를 나누어 준 태양과 땅에 감사한다.

행복을 심는 주문

행복은 손만 뻗으면 닿을 곳에 있는 것 같으면서도 좀처럼 손에 넣기가 쉽지 않다. 행복을 발산하는 이 주문은 당신을 빛나게 할 것이며, 현재 상태와 조화를 이루는 느낌이 들게 해줄 것이다. 또한 이 주문을 위해 식물을 심게 되면 자연에서 행복을 발견하는 법 또한 배우게 될 것이다.

주문을 걸 때:
수요일 또는 일요일

주문에 소요되는 시간:
45분

주문을 걸 장소:
야외

필요한 재료와 도구:
방어막 미스트(197쪽, 선택), 삽, 풀 또는 나무, 클리어쿼츠 5개, 원예용 장갑(선택), 물(식물에 충분히 줄 정도, 그 양은 식물 종류에 따라 천차만별이니 조사가 필요하다), 저염 소금

1. 당신의 직감을 이용해 풀이나 나무를 심을 야외 장소(예를 들면 정원 안쪽 어딘가)를 선택한다.
2. 선택한 장소를 깨끗이 청소한다. 원한다면 방어막 미스트를 뿌린다.
3. 삽 모서리를 이용해 식물과 당신을 에워싸는 크기의 펜타그램을 땅에 그린다.
4. 펜타그램 꼭짓점에 클리어쿼츠를 내려놓는다.
5. 구멍을 파기 시작한다. 원한다면 원예용 장갑을 착용한다.
6. 구멍에 풀이나 나무를 내려놓는다. 식물 아래쪽을 흙으로 덮어 단단하게 다져준다.
7. 식물 옆에서 조용히 10분간 명상한다. 의식적으로 식물의 에너지와 교감하려 노력한다. 명상을 하며 이렇게 말한다.

> "행복의 식물이
>
> 내 삶을 채우고,
>
> 내 심장을 밝히고
>
> 내 영혼을 고양시킨다."

8. 식물에 물을 주고 주변에 제물로 소금을 뿌린다.

9. 매주 식물을 관리하면서 명상과 구호를 반복한다.

안전함을 느끼게 하는 담요

이번 주문에서는 평범한 담요에 마법을 걸어 편안하고 안전한 담요로 만들고, 마법 인장으로 당신의 의도를 가득 채워보려 한다. 직접 사용해도 좋고 자녀에게 선물로 주어도 좋다. 낡고 침체된 에너지가 남아있지 않도록, 주문을 걸기 전에 미리 깨끗하게 세탁을 해 두자.

주문을 걸 때:
토요일, 일요일 또는 보름달이 떴을 때

주문에 소요되는 시간:
30분

주문을 걸 장소:
제단

필요한 재료와 도구:
담요, 라이터 또는 성냥, 보라색 양초, 네임 펜, 안전의 마법 인장(191쪽 참고)

1. 제단을 깨끗이 청소한다.
2. 담요를 정화한다.
3. 양초에 불을 붙이고 편안함, 안전, 안정감을 실체화하려는 당신의 의도에 집중한다.
4. 담요를 두 팔에 안고 이렇게 말한다.
   "튼튼하고 영구적인 땅과 같이
   나는 이 담요가 영원히 보호해주기를 기도한다.
   따뜻하고 빛나는 불과 같이
   나는 이 담요가 매일 밤 편안하게 해주기를 기도한다.
   치유의 힘을 가진 순수한 물과 같이
   나는 이 담요가 안전하게 안심시켜 주기를 기도한다.

빠르게 영감을 주는 공기와 같이,

나는 이 담요가 행복과 욕망을 충족시켜 주기를 기도한다.”

5. 담요를 충전하려는 당신의 의도에 집중하며 5분간 명상한다.

6. 안전의 마법 인장을 만든다. ‘보호의 마법 인장’(191쪽) 만드는 법을 참고
하고 ‘보호’ 대신 ‘안전’이라고 쓰면 된다. 직접 만든 마법 인장을 담요의
라벨 위에 그려준다.

성공과 풍요를 위한 마녀의 사다리

기다란 마녀의 사다리를 통해 우리 삶에 성공과 풍요를 불어넣어 보자. 마녀의 사다리는 민간 마법에서 기원한 것으로 매듭 마법까지 포함하고 있다. 성공, 풍요와 관련된 명상과 의식을 보완하는 용도로 자주 사용된다.

주문을 걸 때:
토요일, 일요일 또는 보름달이 떴을 때

주문에 소요되는 시간:
45분

주문을 걸 장소:
제단

필요한 재료와 도구:
주황색·흰색·파란색 양초 3개, 라이터 또는 성냥, 주황색·흰색·파란색 실 3타래, 가위, 직접 고른 장식품 9개(예를 들어 비즈, 깃털, 작은 종 등)

1. 제단을 깨끗이 청소한다.
2. 제단 위에 양초를 삼각형 대형으로 놓고 불을 붙인다.
3. 각각의 실타래에서 실을 풀어 당신의 키만큼 잘라낸다.
4. 세 종류 실의 끝을 기본적인 오버핸드 매듭으로 묶는다.
5. 실을 땋으며 장식품을 매달 위치를 정한다. 서로 고르게 간격을 이루도록 한다.
6. 실을 땋기 시작한다. 미리 정한 위치에 장식품을 하나씩 매듭으로 묶는다.
7. 매듭을 지을 때마다 자유롭게 마녀의 사다리 주문을 왼다.
   "첫 번째 매듭으로 주문이 시작된다.
   두 번째 매듭으로 마법이 실현된다.
   세 번째 매듭으로 그렇게 될지니.

네 번째 매듭으로, 능력이 저장된다.

다섯 번째 매듭으로, 나의 의지가 움직인다.

여섯 번째 매듭으로, 나는 주문을 정한다.

일곱 번째 매듭으로, 나는 미래를 변화시킨다.

여덟 번째 매듭으로, 나의 의지는 운명이 된다.

아홉 번째 매듭으로, 이미 행해진 것은 내 것이 된다.”

8. 실 땋기가 끝나면 마지막 매듭을 묶는다. 옷장 등 집안에서 마녀의 사다리를 걸어 놓을 안전한 장소를 찾는다.

옮긴이 윤영

서울대학교 미학과를 졸업하고 같은 대학원에서 고고미술사학과를 수료했다. 현재 번역 에이전시 엔터스코리아에서 번역가로 활동 중이다. 옮긴 책으로는《거의 모든 순간의 미술사》,《긍정 효과》,《세상의 끝에서 에덴을 발견하다》,《아이디어가 고갈된 디자이너를 위한 책》,《드래곤 마스터》시리즈,《온 세상이 너를 사랑해!》,《바이 스파이》시리즈 등 다수가 있다.

돈 사랑 우정 그리고 행운을 부르는 잠재 에너지의 힘
마법의 주문

초판 1쇄 인쇄 2024년 9월 20일
초판 1쇄 발행 2024년 9월 30일

지은이 앰브로시아 호손
옮긴이 윤영
펴낸이 최태선
펴낸곳 (주)솜씨컴퍼니
브랜드 솜씨

등록 제2015-000025호
주소 14056 경기도 안양시 동안구 벌말로 123 A동 2106호
전화 070-8633-1268
팩스 02-6442-4364
이메일 love@somssi.me
제작 타라티피에스
용지
표지: 아르떼 190g
본문: 마카롱 80g

© 솜씨컴퍼니, 2024
ISBN 979-11-86745-72-4   03180